芝宝贝 ZHIBABY
始于2006年®

WO ZUI XIANG ZHIDAO DE
TAIJIAO ZHISHI

我最想知道的胎教知识

徐文 编著

ARTTIME 时代出版
时代出版传媒股份有限公司
安徽科学技术出版社

图书在版编目（CIP）数据

我最想知道的胎教知识 / 徐文编著. -- 合肥：安徽科学技术出版社，2013.7
ISBN 978-7-5337-6067-0

Ⅰ. ①我… Ⅱ. ①徐… Ⅲ. ①胎教—基本知识 Ⅳ. ① G61

中国版本图书馆 CIP 数据核字（2013）第 162724 号

我最想知道的胎教知识 徐文 编著

出 版 人：黄和平 选题策划：王晓宁 责任编辑：杨 洋
出版发行：时代出版传媒股份有限公司 http://www.press-mart.com
安徽科学技术出版社 http://www.ahstp.net
（合肥市政务文化新区翡翠路 1118 号出版传媒广场，邮编：230071）
电话：（0551）63533330
印 制：北京盛兰兄弟印刷装订有限公司 电话：（010）61232262
（如发现印装质量问题，影响阅读，请与印刷厂商联系调换）

开 本：710×1000 1/16 印张：14 字数：222 千
版 次：2013 年 7 月第 1 版 2013 年 7 月第 1 次印刷

ISBN 978-7-5337-6067-0 定价：29.80 元

前 言

爸爸妈妈对孩子的爱，是世界上最纯真、最伟大的感情。一个新生命从孕育到出生，这期间融入了爸爸妈妈无限的爱与希望，也凝聚了爸爸妈妈的辛苦与喜悦。那么，当胎儿还在妈妈腹中时，他能感受到这些感情吗？回答是肯定的。还在母亲体内的时候，胎儿已经可以用自己的感官来感知从母体传送而来的情感和信息。孕妈妈心情舒适愉快，胎儿也会安安静静地在妈妈腹中成长；孕妈妈经常伤心、烦闷，胎儿在妈妈腹中也会频繁地动，加重孕妈妈的不适状况，长期如此，宝宝出生后可能还会有生理缺陷。正是因为胎儿与孕妈妈之间存在这样的一种联系，“胎教”——这个名词经过一系列的研究证实后，才出现在了我们面前。

那么，什么是胎教呢？一直以来，胎教并没有专门的体系化理论。但是毋庸置疑，胎教是一门科学。实际上，胎教的理念就是强调孕妈妈的心理状态和情绪变化可以影响胎儿的发育，而母体的健康也会对胎儿的发育起到良好的作用。如何通过母体使胎儿获得更好的成长发育空间，就是“胎教”的实质。

对胎儿来说，胎教到底有多重要？实践证明，胎教不仅对胎儿的生理发育有影响，与宝宝今后的智商、情商发育都有着密切的关系，甚至可以说，胎教就是爸爸妈妈对宝宝的最初家教。事实上，从怀孕开始，胎儿就在妈妈的肚子里感受着母体的一切，并接受爸爸妈妈和身边的人给予的爱护。胎教是由全社会成员对小生命的关怀与爱护，其最根本的理念就是为胎儿打造一个最舒适的母体内部环境及外部环境。何况，从母体入手进行的胎教，比如音乐胎教、视觉胎教、运动胎教、饮食胎教以及情绪上的胎教，不仅能为孕妈妈的身心带来愉悦和健康，也能在一定程度上促进胎儿的生理发育和心理发育，这样一举两得的事，为什么不去做呢?

虽然意识到了胎教的重要性，但是很多准父母并不知道如何科学地进行胎教。为此，我们编写了这本书，用通俗易懂的语言讲解与胎教相关的知识，提供多种胎教方法以便准父母选择。

本书以孕周为单位，详细记录怀孕每一周胎儿和孕妈妈的身体变化和注意事项，以及在本阶段最适合使用的胎教方法，使孕妈妈能够在不同时期选择相应的胎教方式，让孕妈妈们不再为了“如何胎教”“怎样胎教才有效果”这样的问题而困惑。本书最后还增加了“主题胎教”，汇集了孕妈妈最想知道的胎教知识和胎教经验。

胎教，承载了爸爸妈妈对宝宝最美好的爱与期望，也许最后这种期望并不会达到最终的理想，但如果能在这个过程中感受到与胎儿同在的幸福，又何尝不是对自身认知的一种反馈心得呢? 所以望子成龙的爸爸妈妈不要将胎教当成任务或负担来完成，掌握适度的科学方法才是最美好的胎教。

让每一个宝宝带着健康和聪慧来到这个世界，让孕妈妈和胎儿愉快度过整个孕期，是我们的目标。带着这个美好的愿望，开启充满阳光和幸福的胎教之旅吧!

Contents

目 录

Chapter 3
40 周胎教之旅 …… 29

第 17 ～ 20 周…………………………………… 68

第 21 ～ 24 周…………………………………… 82

Chapter

1

胎教，你了解多少

胎教的重要性

为什么要对胎儿进行胎教？胎教有科学依据吗？胎教对宝宝的成长有什么好处？每一对准备怀孕或者是刚刚怀孕的夫妻都很关心这些问题，你们将在这里找到答案。为了宝宝的幸福，赶快开始胎教吧！

胎教对宝宝的智力起着决定性作用

如今，很多父母相信有效的胎教可以生出聪明又健康的宝宝，并把此当作进行胎教的核心理由。很多研究成果也说明这样的事实是有理论根据的。一直以来，人们都认为“人类智力有 80% 受到遗传因素的影响”，但最近美国的一个研究小组，通过长期的观察和实验得出了“人类智力只有 48% 受遗传因素影响，剩余 52% 与胎内环境有关”的结论。

此外，英国著名生物医学博士诺塔尼茨也指出，肥胖症、糖尿病、癌症和心脏病等各种疾病与胎内环境有关。

我国是胎教的发源地，可是胎教在中国却沉睡了多年，直到 20 世纪 70 年代以后，国外陆续报道了有关胎教的科研情况和胎教儿智力超常的新闻后，胎教才在中国大地上复苏。有些家庭按国外的一些胎教的方法进行胎教尝试，在事实上取得了良好的效果。

近年来，随着人们对胎教关注程度的提高，胎教的科学性被许多亲历者所证实，胎教的重要性及功效也已通过各类媒体得以传播。

胎教为宝宝的美好人生奠定基础

胎教影响的不仅是宝宝出生时的健康状态，还包括宝宝一生的身心健康。毕业于英国剑桥大学，现担任美国康奈尔大学受孕及生育研究所所长的彼德·诺德尼尔斯教授认为，影响人一生健康的要素就是胎内的生长环境。孕妈妈与胎儿之间在身体上、激素上、感应上的相互作用，对宝宝一生的身体和心理健康都有显著的影响。

宝宝的身心健康将会成为家庭和睦的重要基础。若想生个健康的宝宝并让其拥有美好的人生，就不能马马虎虎地应付胎教。胎教不仅关系到宝宝一时的健康，而且对其一生都大有益处。了解了这些，我们难道不应该在胎教方面多花一些时间和精力吗?

许多天才都有意或无意地被实施过胎教

为什么过去不讲胎教，也人才辈出？实际上，只要我们进行追踪调查，就能发现天才儿童都被有意或无意地实施过胎教。例如，父母虽然生活上比较清苦，但身体健康，感情颇深，妈妈受孕时具有天时、地利、人和三大因素；受孕后父母关爱腹中的宝宝，对宝宝充满希望；爸爸勤快，体贴妈妈，家庭气氛温馨；妈妈温柔，喜欢在宁静的环境中工作和休息；食物虽不丰盛，但可口；整个孕期内妈妈心情愉快，时时想着宝宝。这些都可以说在进行胎教，也就是无意胎教。无意胎教虽有一定作用，但其科学性和实际效果都有一定局限，为此，需要推广有意胎教。有意胎教，就是自觉地、有意识地实施胎教，保证胎教的质量。

胎教是培养健康、聪明宝宝的起点，有意胎教对宝宝心理发展的影响是很明显的。例如，音乐胎教，通过音乐声波的和谐振动，培养胎儿的听力，并使胎儿形成外界环境是美丽的感觉。胎谈胎教，父母与胎儿谈话、讲故事培养亲子感情，并在胎儿脑中贮存语言信息，有利于开发胎儿的潜能。

但是，有意胎教的根本目的不是专门造就天才儿童，而是为了提高下一代的素质，提高人口质量。

胎教助您孕育聪慧宝宝

以前，人们只是认为“进行胎教能生出聪明的宝宝”这一点已经被证实。最近还有一些研究成果揭示了胎教与宝宝出生后的健康水平之间存在着直接关系，即证实了“进行胎教才能生出健康的宝宝”。另外，如果孕妈妈在怀孕期间承受过巨大的精神压力，那么常常会给宝宝带来一定的精神问题，这也得到了科学论证。由此我们可以得出结论，没有任何东西可以取代胎儿时期对人一生的健康所起到的重大的、决定性的影响。因此，要想生出身心健康的宝宝，就一定要好好地进行胎教。

帮助孕妈妈快乐度过孕期

孕期的妊娠反应非常难受，而胎教中的一些活动是可以对孕妈妈进行心理调适的，不仅能使孕妈妈精神放松，情绪愉快，还能使孕妈妈心脏血管、消化器官及内分泌都处于正常状态，有效减轻妊娠反应。

错过胎教好时机将成为毕生的遗憾

我们应当清楚地意识到，一旦错过胎教的好机会，就再没有挽回的可能了，毕竟宝宝出生以后就不会再回去。但怀孕后才开始胎教并不是正确的做法，只有从制订怀孕计划时就同时作出胎教计划才能使胎教获得最真实、最明显的效果。

胎教的重任谁来担

胎教是孕妈妈一个人的事吗？答案是：NO。虽然孕妈妈是胎教的主角，但是要孕育出健康聪明的宝宝，还需要胎儿、孕妈妈、准爸爸及家庭其他成员的共同努力，这才是胎教的意义之所在。

胎教，全家一起来

胎教的重担不应由孕妈妈一个人承受。宝宝是夫妻两人爱情的结晶，是爷爷奶奶们的宝贝孙子孙女，也是叔叔、婶婶、姑妈这些亲戚们的可爱侄儿侄女。因此胎教的责任并不应该由孕妈妈一个人承担，而应该由以上所有的人齐心协力，共同进行。

孕妈妈是主体

对于孕妈妈本身而言，即使自己不多想也会本能地去进行胎教。孕妈妈会主动要求营养丰富的食物，主动避免危险，主动听美妙的乐曲，很好地调节工作中受到的压力。这些都是孕妈妈无意中已经在进行的胎教。那些意识到胎教重要性的孕妈妈，则会在怀孕期间尽心尽力地进行胎教。随着怀孕一起到来的诸多变化会让孕妈妈感到苦恼，此时孕妈妈应当与准爸爸、双方的亲戚、同事以及整个社会一起努力，使自己从压力当中解脱出来。

准爸爸是胎教的重要参与者

准爸爸参与胎教的意义

有些家庭把胎教看成是孕妈妈一个人的事情，忽视了准爸爸的作用。从某种意义上说，聪明健康的小宝宝的诞生，在很大程度上取决于准爸爸，如果准爸爸与孕妈妈一起参与胎教，就能让孕妈妈感觉受到重视与享受夫妻情爱，也能让胎儿感受到浓浓的父爱，这对于孕育一个健康聪明的宝宝来说具有非常重要的意义。

所以，胎教不仅是孕妈妈的职责，也是准爸爸不可推卸的重要责任。女性怀孕以后，除了在很长一段时间内要继续工作、学习、处理家庭日常事务外，还要孕育下一代，无疑她们在心理、生理、体力与体态等方面都会发生很大变化，增加很多负担。准爸爸是孕妈妈最亲密的人，要充分意识到自己的责任，及时准确地进入角色，与孕妈妈一道担负起胎教的重任，在参与胎教的过程中付出博大深厚的父爱，用爱心滋润胎儿，使自己无愧于“父亲”这个光荣神圣的称号。

准爸爸的声音对胎教的影响

科学家给一组 8 个月的胎儿听低音大管乐曲，发现他们的胎动大大加强，因此得出结论：胎儿最容易接受低频率的声音。后来的跟踪试验也发现，这组胎儿出生后只要一听到类似这种声音的男子声，都会有积极的反应，或停止哭闹，或露出笑容。

准爸爸无论多忙都要尽量抽出时间唱歌给胎儿听。准爸爸可以自己一个人唱，也可与孕妈妈一起哼唱。准爸爸那富有磁性的嗓音对胎儿是一种良好的刺激，能促进胎儿大脑的发育，同时也可与胎儿建立感情通道。

除了唱歌以外，准爸爸经常与胎儿用语言交流也能充分发挥这种嗓音优势。可以带着感情朗读诗歌或散文，也可以与胎儿轻声说话或与孕妈妈聊天。总之，由于男性特有的低沉、宽厚的嗓音更适合胎儿，每当这种声音出现时，胎儿就会作出积极的反应。因此，准爸爸在胎教中的作用是不可取代的。

准爸爸为了让孕妈妈保持平和的心态所做的一切努力，都会在胎教中发挥神奇功效。实施胎教时，准爸爸绝不能抱有“胎教主要是孕妈妈的事情，爸爸仅仅起辅助作用”这种想法，胎教的核心是强调妈妈和爸爸两者合一。若要深究两者中谁起到更重要的作用，则毫无意义。

和谐的家庭关系很重要

在胎教的各个环节中，另一个起到重要作用的当属婆婆一家。婆媳关系对女性而言一直是个头疼的问题。因此，为了让孕妈妈心平气和地度过这 10 个月的孕期，婆婆一家确实应当给予她更多的关怀和照顾。不仅不让身体和神经皆处于敏感期的孕妈妈进行过多的体力劳动或处理大小事务，还应该时刻牢记不说过分的、可能对她造成一定伤害的话。

如果家里有个聪明且健康的宝宝出生，又怎么能说这只是孕妈妈一个人的幸事呢？那时大家都将沉浸在喜添乖孙（女）、喜添乖侄（女）的幸福之中，为了这一刻，大家应该在心里始终想着自己的言行、举止都将对小生命一生的健康与幸福产生影响，尽量多照顾处在怀孕期的孕妈妈。

同事也是你胎教的支持者

如今，职业女性越来越多，我们不得不承认职业女性承受着更多的压力。在极为复杂并且保持高速运转的现代社会当中，孕妈妈要想得到特殊的照顾真是难上加难。

在这种情况下，为什么不将自己怀孕的消息公开并寻求上司和同事的理解呢？当然在有些情况下，这样做可能使自己的工作受到影响，但与为了隐瞒事实真相而使胎儿受到不必要的影响相比，哪个更重要呢?

美国某著名杂志社理事会的一个女职员在忙忙碌碌的杂志社里工作，曾因压力过大而生下一个有多种并发症的早产儿，之后她为自己的第二次生育选择了一种完全不同的做法。这个女强人向丈夫和身边的人们发出了求助，于是压力随着她的工作量一起得到减轻，她终于有精力去调节自己的运动和饮食了。

这个女强人将过去放在工作上的热情全部放在了胎教上，结果，她生了一个健康的孩子。因此再好的工作也无法与宝宝身体的健康相提并论。

国家与社会共同参与胎教

胎教是国家竞争力的基石。拥有健康、聪明国民的国家才会有强大的国力。

法国人经常大量食用含有动物脂肪的食物，这些食物可能会导致胆固醇数值与血压升高，然而比起其他西欧地区的人，他们的心脏病发生率反而低了很多，这究竟是为什么呢? 通常认为这和他们经常食用橄榄油和红葡萄酒、大蒜的饮食习惯有关。

但如果我们认真研究一番，则会发现这其中还含有一个胎教的秘密。与其他国家不同，早在一百年前，法国人就开始对孕妈妈实施胎教方案。那么胎教就可以算作是今日健康法国的古老基石了。

从这一事例中我们可以看出，胎教不仅对个人，而且对家庭、对国家也都是非常重要的。因此，胎教并不是孕妈妈个人的职责，丈夫、亲戚、同事和国家都应该共同参与。

对于女性来说，在怀孕期间有许多事情是她无法舍弃的，如工作、家庭，要让她一个人应付这些压力，实在是勉为其难。

可以说，家庭中的每个人都是这件事的主人。我们应该一起为了保护孕妈妈和胎儿去遵守各个事项，同时尽力缓解她们的压力。大家很快会意识到，保证一个人的幸福，其实是保证家庭、公司、社会乃至整个国家幸福的必经之路。

胎教的学问

胎教是一门科学，而不是无中生有的封建迷信。那么，第一个进行胎教的人是谁？传统胎教是怎样的？现在的胎教又是怎样的？胎教的种类有哪些？胎教与早教有什么区别？看过这一节的内容你就知道了。

显示祖先智慧的传统胎教

无论古今，生下既健康又聪明的宝宝是为人父母不变的期望。让承载着先人智慧的传统胎教帮助我们孕育充满智慧的下一代吧。

传统胎教是一种涵盖怀孕之前的思想准备，怀孕之后的饮食习惯以及所应该注意的行为的综合胎教。其中最引人注目的则是反复强调怀孕前的胎教和准爸爸参与胎教这两点。

在传统胎教中，要求已婚女性为随时可能到来的怀孕过程做好身体上和心理上的完全准备。而现在的医生们也在大声呼吁女性们为了子宫环境的健康而进行有计划地怀孕。由此我们就可以看出，很早以前人们就意识到了通过计划怀孕和胎教来孕育健康、聪明的宝宝。

传统胎教所强调的注意营养摄取的均衡和注意自己的各种言行等也都在现代医学中得到了直接的认证。对于老人们所坚持的各种传统的胎教方法，我们再也不要一味地采取无视的态度，而应该汲取祖先的智慧并加以运用。

第一个进行胎教的人

依照古时候流传至今的各种记载，在东方第一个进行胎教的人是周文王的母亲太任。书中记录到：太任两眼不看邪恶的东西，两耳不听刺耳的声音，口中不说粗俗的话语，在言行举止和心理状态上始终保持谨慎的态度。通过这样的胎教，她生下了周文王这样的一代英杰。

重视心理状态和言行

传统胎教强调父母所应付出的各种实际行动和心理调整。其中饮食、行为举止和心理状态都被称作非常重要的环节。

孕妈妈要小心不干净的或凉性的食物，不去高而险的地方，夜里尽量不外出，在帮忙做家务时要注意放慢速度，移动身体时要保持步伐稳健，这些都是传统胎教中提出的忠告。从现代医学的观点来看，这些内容都有积极的意义。传统胎教理念中的很大一部分都带有预防医学的色彩。

胎教是早教的开始

一般人认为，教育是从宝宝出生后开始的。其实不然，从胎儿期，对宝宝的教育就已经开始了。根据胎儿与孕妈妈的母子相系原理，我们知道，孕妈妈对胎儿的影响非常大。不仅孕妈妈的身体状况会影响胎儿的发育，而且孕妈妈的一言一行都会影响胎儿的正常发育，因此从孕妈妈孕育胎儿的那一刻起，胎儿其实就已经在接受教育了，而且这种教育对胎儿的影响非常大。如当孕妈妈遭受精神刺激，情绪不安时，分泌出来的激素使血液中化学成分发生变化，从而通过胎盘影响胎儿的生长发育；当孕妈妈因体力或其他原因情绪不稳时，胎儿也会受到孕妈妈行为的暗示，表现出烦躁不安。

什么是胎教

广义胎教

广义胎教也称为间接胎教，指为了促进胎儿生理和心理上的健康发育成长，并确保孕孕妈妈能够顺利地度过孕产期所采取的精神、饮食、环境、劳逸等各方面的保健措施。在这期间，利用一定的方法和手段，通过母体给予胎儿有利于其大脑和神经系统功能尽早成熟的有益活动，进而为出生后的继续教育奠定良好基础。

狭义胎教

狭义胎教也称为直接胎教或主动胎教，是根据胎儿各感觉器官发育成长的实际情况，有针对性地、积极主动地给予适当合理的信息刺激，使胎儿建立起条件反射，进而促进其大脑功能、躯体运动功能、感官功能及神经系统功能的成熟。换言之，这种胎教是在胎儿发育成长的各时期，科学地提供视觉、听觉、触觉等方面的刺激，如光照、音乐、对话、拍打、抚摸等，使胎儿大脑神经细胞不断增殖，神经系统和各个器官的功能得到合理的开发和训练。

胎儿在孕妈妈腹中接受“硬件”和“软件”升级的过程中，如果能够持续接受具有一定积极意义的刺激，那么将来出生后就能够脱颖而出。所以说，胎教是以临床优生学与环境优生学相结合的具体措施。

胎教种类有哪些

饮食胎教

饮食胎教指合理、均衡地摄入各种营养素，通过合理的烹调方法，满足孕妈妈的身体需求，以胎儿的生长发育要

求为宗旨的胎教方法。饮食胎教既包括避免对孕期有不良影响的饮食，又包括根据不同孕期的特点加强饮食营养。

音乐胎教

音乐胎教是指利用优美的乐曲，陶冶胎儿情操，调节孕妈妈情绪的胎教方法。音乐胎教又分为母唱胎听法、母教胎听法、器物灌输法、音乐熏陶法、朗诵抒情法。在实施音乐胎教的过程中，可以综合运用运动胎教和按摩胎教，甚至情绪胎教，为胎儿的生长发育创设安静、平和的氛围。

运动胎教

运动胎教，顾名思义就是通过适当的运动达到调节孕期不适的目的。与饮食胎教、音乐胎教相比，运动胎教可以在很大程度上缓解孕期身体疼痛、疲倦、水肿、抽筋、痔疮、消化不良等现象。还可以帮助孕妈妈合理控制体重，增强皮肤、肌肉组织的弹性，为分娩和产后恢复做准备。实践证明，凡是在母体内受过运动训练的宝宝，出生后翻身、爬行、坐立、行走及跳跃等动作发展快而灵活，具有很好的运动功能。

按摩胎教

按摩胎教就是利用按摩手法，对身体相关穴位进行按摩，以达到缓解孕期不适的目的。怀孕之后，孕妈妈不得随意服用药物。如果出现孕期不适，甚至症状逐渐加重时，都可以通过按摩解决。按摩胎教根据人体穴位和孕妈妈的身体状况辨证施治，具有一定的科学性和可操作性。怀孕时如果接受按摩，一定要告知按摩师自己怀孕的事实，且按摩手法要轻柔。

抚摸胎教

抚摸胎教是指孕妈妈或者准爸爸用手轻轻地抚摩孕妈妈的腹壁，引起胎儿触觉上的刺激，以促进其感觉神经及大脑发育。这种胎教方法既可以帮助孕妈妈缓解紧张情绪，又可以使夫妻关系变得更亲密，还可以带给胎儿良性的刺激，使其作出适当的反应。与按摩胎教不同，抚摸胎教比较随意，也不是针对孕期不适而采取的胎教方法。

情绪胎教

目前，由于物质生活水平已经大大提高，孕妈妈的营养、冷暖和劳动负担已经不存在什么问题，所以保证孕妈妈的良好情绪和愉悦心情就应放在优先考虑的位置了。孕妈妈要想拥有良好的情绪和心情，最主要的是靠自己和亲友的调节，特别是准爸爸等与孕妈妈最亲近的人应给予最大限度的理解和呵护。对那些性格比较内向的孕妈妈，更要加强心理调整。所以，正确对待怀孕过程中出现的生理变化，在准爸爸和其他亲人的帮助下控制好自己的情绪，是胎教中不可缺少的一环。在怀孕期间，孕妈妈可以适当听听轻音乐，让自己保持愉悦的心情。

语言胎教

语言是孕妈妈和准爸爸与胎儿交流的最直接的手段。有关研究发现，一般在 7 ～ 8 个月的时候，胎儿已开始产生意识的萌芽。此时胎儿的神经管道发育已经基本达到新生儿的水平，当他的大脑捕捉到外界刺激时，就会穿过神经管道，将这种外界刺激传达到身体各部。这时孕妈妈和准爸爸用文明、礼貌的优美语言，有目的地与胎儿进行交流，使胎儿感受最初的语言刺激的方法，就称为语言胎教。语言胎教可以促进宝宝语言能力的良好发展，加强母子之间的交流，使胎儿的心情更加愉快。

日记胎教

日记胎教是孕妈妈将家里发生的事情、自己的工作经历、对胎儿的期望等，通过写日记的形式，讲述给胎儿的胎教方法。日记胎教可以记载平淡的日常生活、孕期检查等情况，既可以疏导孕妈妈的心情，缓解紧张情绪，又可以成为记录宝宝成长的纪念册。

环境胎教

随着社会的发展，环境胎教越来越受到重视，人们也越来越注重孕期宫内环境、自然环境、居室环境和工作环境，这也就构成了环境胎教的相关内容。环境胎教是指孕前和孕期为胎儿创设良好的宫内环境，同时注意可能会对胎儿造成影响的外部环境因素，如噪声、化学用品、药品、居室环境、办公环境等。

从广义上来说，孕前和孕期检查、营养状况、服用药物、孕妈妈的情绪变化等都属于环境胎教的范围。

氧气胎教

氧气胎教就是孕妈妈通过适当的散步和森林浴使自己吸入充足的氧气，以便促进宝宝脑部的发育，调节孕妈妈的忧郁心情。

童话胎教

为胎儿阅读童话书的胎教就是童话胎教，阅读时准爸爸或孕妈妈要用温和的口吻和富含感情色彩的朗读语气。在进行童话胎教时，孕妈妈可以展开丰富的想象，让自己沉醉在童话的神奇王国里。

阅读胎教

阅读胎教是指阅读对胎儿生长发育和孕期保健有作用的书籍，从而对胎儿进行胎教的方法。阅读胎教是一个综合运用情绪胎教、营养胎教、童话胎教的过程。在阅读的过程中，准爸爸也可以很好地参与进来，为孕妈妈和胎儿阅读图书，从而增强胎教全家总动员的效果，加深亲子关系和夫妻关系。

视觉胎教

视觉胎教是利用光线等视觉刺激，为胎儿扩展视觉能力的胎教。孕妈妈可以通过名画鉴赏为胎儿讲解绘画知识，也可以到博物馆或画展欣赏书法、绘画、陶艺等。视觉胎教既可以使胎儿受到良好的艺术熏陶，又可以提升孕妈妈的审美感受，缓解紧张情绪。

瑜伽胎教

瑜伽源于古印度，现已受到全世界的广泛欢迎。瑜伽胎教是根据孕妈妈的身体调节情况而采取的节奏舒缓、动作轻柔的瑜伽运动。瑜伽胎教讲究人与自然的和谐、共鸣，从而使孕妈妈情绪平稳、内心充实。瑜伽胎教也可以在很大程度上缓解孕期肌肉和情绪紧张，为分娩做充足的准备。

清静胎教

清静胎教是通过呼吸、冥想等方法，调整孕妈妈呼吸和心情的胎教方法。清静胎教是结合了瑜伽胎教、运动胎教和饮食胎教于一身的方法，对加深孕妈妈和胎儿的感情很有帮助。

胎教始于有计划地受孕

看到自己的宝宝出生，无疑是人一生当中最神奇的经历。而这件事也会带给你同样多的责任感和负担感。能够把各种负担减轻，让怀孕成为一件幸福的事情，无疑就是有计划地怀孕。

为了生出健康的宝宝而事先进行计划是相当必要的。有许多孕妈妈很晚才知道自己怀孕的消息，在这期间又是吃药、又是照X光片，还容易产生不安的情绪。这种情绪不仅对孕妈妈自己，而且对胎儿也会造成不好的影响。

然而，如果有计划地怀孕，就能事先调整自己的身心，极大地减少对胎儿有危害的行为的发生概率。事实证明，有计划地怀孕可以使生下畸形儿的概率大大降低。这比保证孕妈妈身心愉快地度过 280 天孕期、迎接宝宝的降临更为重要。

准备充分，孕育健康的宝宝

在制订怀孕计划时，夫妻两人应当制订受孕、孕产和育儿计划，并且做孕前检查，将身体调整到最佳状态。只有做到这些，才有可能拥有完全健康的宝宝。

尽管传统观念认为胎教只需妈妈一个就可以，但宝宝是否健康仍然会受到父亲所做努力的影响。正确的胎教是从怀孕到生产的每一个环节，都给夫妻二人带来快乐。

我们可以将准爸爸的胎教法分成两大类，也就是“受孕胎教”和“协助胎教”。

受孕胎教就是爸爸在让妈妈怀孕时，努力地优化一切条件，在这以前要把自己的身体调整到最好状态，做任何事时都要有孕育杰出下一代的决心。在爸爸身体健康、心旷神怡时孕育的宝宝，出生时身体结实、头脑发达的可能性相当高。

如果在充分准备后妈妈怀孕，那么爸爸所要做的协助胎教同样重要。爸爸的帮助与照顾会使妈妈的心情变得安定，这是任何东西都不可代替的“灵丹妙药”。妈妈安定的心情将给胎儿带来好的影响。

夫妻两人一起做准备

健康的精子和卵子相遇是生下健康宝宝的必需条件。因此，夫妻两人必须在计划怀孕之前的数月就努力地调理身体和心态。精子和卵子是在人体内产生的，它们理所当然地会受到健康状态的影响。

无论在身体上还是在精神上，准父母们都应该保持健康的状态，特别是要戒除烟酒。爸爸最好在妈妈怀孕前的 6 个月开始身体和心理上的准备，戒烟、戒酒自然不必说，连可能对未来宝宝产生不良影响的言行都应该多加注意，要时时以感恩的心态迎接每一天的到来。

Chapter

2

怀孕，你准备好了吗

心理准备很重要

完整的胎教应该是从制订怀孕计划的时候就开始准备。心理准备是必不可少的，夫妻两人应当一起确定怀孕的日期，选择最佳年龄、最佳时机受孕，并且努力学习胎教知识，缓解思想上的压力。

什么时候受孕好

如果打算生育，夫妻两人就应该好好地讨论一下什么时候怀孕比较合适，包括怀孕的时机、育儿计划等所有具体事项，还要仔细考虑一下家里的经济状况。因为怀孕、生育和幼龄教育等将会是一笔不小的开销，而在经济环境较为宽裕的情况下，妈妈的精神状态也会比较放松。

选择最佳年龄受孕，让优孕成为可能

年轻女性一般在 25 ～ 29 岁身体发育开始进入成熟阶段，此时生育比较适合。这是因为 20 岁前，女性正处在身体各器官急速发育时期，生殖系统还不完全成熟，通常也不具备养育儿女的经济条件，过早结婚生育，容易给生殖器官留下致病的隐患。并且妊娠期，胎儿需要从母体内获得大量的营养物质，母体营养不良势必造成胎儿的营养供应不足，使母体和胎儿的体质都受到影响。

另外，年轻夫妻最好结婚 2 ～ 3 年后再生育，这样婚后有个缓冲的时间，经济和精力上不至于过分紧张。

最好不要超过 35 周岁再生育。因为过晚怀孕，卵子容易老化，胎儿先天畸

形率较高；而且由于年龄过大，软产道和骨盆韧带松弛性下降，子宫收缩力减弱，容易导致难产、产程延长等，产科合并症发生率也较高。

小贴士

孕妈妈保持身体健康很重要

太早太晚生育都是不适宜的，但这也不是绝对的。研究证明：孕妈妈的健康因素比她的年龄更重要。例如，女运动员一般生育年龄都较晚，但很少生出先天愚型儿，这是因为运动使血管中胆固醇含量较少，卵子不易老化。

选择最佳季节受孕，为宝宝成长打下坚实的基础

从优生优育的角度来说，孕早期最好避开冬春季节，选择在 7 ～ 9 月这段时间内怀孕为好。这样在孕早期 40 ～ 60 天发生妊娠反应、食欲不佳时，正好处在 9 月或 10 月，此时蔬菜、瓜果品种繁多，可以调节孕妈妈的食欲，保障胎儿的营养需求。

两三个月后正值晚秋，气候凉爽，孕妈妈食欲渐增，对宝宝的生长发育十分有利。此时日照充足，孕妈妈可经常晒晒太阳，促进体内维生素 D 的合成，保证钙、磷的吸收，有助于胎儿的骨骼生长。且八九月份天气凉爽，很适宜孕妈妈休息和活动。

等到多雪的冬天和乍暖还寒的初春可能带来流行性感冒、风疹、流脑等病毒感染时，宝宝的胎龄已超过了 3 个月，平安地度过了致畸敏感期。

把握最佳时机，保证优孕

当夫妻进行性生活时持有的心理状态不同，精子和卵子的相遇状况也会千差万别。因而，在制订受孕计划时，就应当开始接受健康检查并锻炼身体，避免接触对身体有害的物质，制造健康的精子和卵子。丈夫和妻子只有准备充分，才能拥有最健康的宝宝。

为了让精子能够自由活动，男性应该尽量避免到温度过高的场所。有研究结果表明，从事高温作业、长时间驾驶、案前工作的男性，精子活动能力会明显下降。

与人体内的其他器官和物质相比，精子适宜在 34℃～35℃的环境下生存，这也是睾丸和阴茎都长在人体外部的原因。穿过紧的内裤或者紧贴身体的牛仔裤会刺激睾丸，降低生产精子的能力，因此男性应尽可能穿宽松的内裤和裤子。

确定排卵期，如愿以“孕”

想成功受孕，就需弄清排卵期。女性一般在下次月经来潮前的 14 天左右排卵，但具体日期则因人而异。可通过以下方法确定排卵期：

通过基础体温获知

如果月经无规律，测量基础体温可准确获知排卵期。将每天早上相同时段所测得的体温绘成图表，就会发现在某天体温上升了约 0.5℃，这天就为排卵期。每天女性在同一时间测定体温，而且要在起床前测量。

通过疼痛获知

在排卵期右下腹不时会有轻微的痛感，那是卵子从卵巢中排出时性器官产生的痛感。但这样的痛感并不是人人都可以感受到的，在 100 人当中只有不超过 15 人能感受到，所以这种方法并不适用于每一个人。如果可以感觉到疼痛，那么把月经周期中各种疼痛发生的日期记录下来，就可以得知排卵期了。

到医院检查获知

能够最准确地获知排卵期的方法就是到医院做检查。根据 B 超检查或尿液检查的结果可以诊断出具体的排卵期。超声波能够测量卵巢中卵细胞的大小，从而推算出排卵期。如果卵细胞直径达到 1.6 厘米就会发生排卵，一般进行 3 ～ 4 次这种检查，就可知道准确的排卵期。而尿液检查的结果则是根据尿液中的激素含量判断的。

确定排卵期以后，应如何孕育出一个小生命呢？和谐的夫妻关系是宝宝未来健康的第一条件。首先必须要做到相

敬相爱，在醉酒、不安或是有厌恶情绪的状态下过性生活会对胎儿造成不良影响。过性生活时，应该将其他事情全部忘掉，而只把对配偶的爱铭记在心。另外，还要做到节欲。想得到健康的精子和卵子，就一定要防止性生活过度。

学习胎教知识

阅读一些有关怀孕、胎教和分娩的书籍，常去社区中心、医院和幼教中心听一些相关的讲座，或者通过互联网阅读别人的育儿日记、分娩日记和胎教经验谈……这些将会对打算怀孕的夫妻有所帮助。

也许有些孕妈妈会因为自己文化水平不高而感到气馁，对胎教缺乏信心。其实，在胎教过程中最为关键的就是孕妈妈的爱心。只要把培养健康聪明宝宝作为生活的中心，付出尽可能多的精力和时间，没有什么是学不会的。

如果能为将要到来的宝宝提前进行学习，准爸妈们就能体会到胎教的重要性并为接下来的怀孕、分娩以及育儿做好准备。爸妈一起学习还能加深两人之间的感情，这种良好的情感会自然而然地延续到即将出生的宝宝身上。

缓解思想压力

尽管压力在某种程度上是动力，但压力如果过大就很容易成为致病的诱因。承受过大压力的同时身心会变得非常虚弱，随之内分泌逐渐失调，受孕也会因此遇到障碍。

为了使夫妻双方的身心达到良好的状态，然后孕育生命，丈夫和妻子应该常常表达彼此之间的爱意，共度美好时光。夫妻有共同关心的话题是一件再好不过的事情。养几盆花草，读相同的书并进行讨论，或者共同旅行、欣赏音乐……这些都是值得采用的方法。

明亮的色彩会使人的心情变得明朗。明亮而温馨的色彩装饰居室，暖色调衣服，墙壁挂上名画，再配上音乐，这一切都会使人的情绪变得安定。

身体调理很有必要

只有夫妻双方身体健康，才能孕育出健康的宝宝，所以，孕前检查很重要。此外，停止避孕、戒除烟酒、维持标准体重、保持健康的生活习惯等都很重要，这些也属于胎教范围。

做好孕前检查 ★★★★★

胎儿健康是实施胎教的前提，而要保证胎儿健康，首先夫妻双方要健康，孕前检查是排除疾病的好方法。每个人都有可能患有自己不知道的疾病，因此，怀孕之前应该去做孕前检查，以确定夫妻双方是否有不利于生育的疾病。

在接受检查之后，再决定是否可以立即怀孕。孕前检查项目包括以下几方面：

TORCH 检查

TORCH 检查项目包括风疹病毒、弓形虫、巨细胞病毒、单纯疱疹病毒。正常为阴性，如检查呈阳性，则应在产科医生指导下先治疗再怀孕。如果孕妈妈患上了风疹，本人虽然仅仅出现类似感冒的轻微症状，也会给胎儿带来致命的影响。在受孕前 3 个月感染风疹很容易导致流产。即使没有流产，50% ～ 75% 被感染的孕妈妈可能生下死婴或有严重畸形的宝宝。在受孕前进行风疹抗体检查之后，如果结果是阴性就要进行预防接种。接种之后至少 3 个月后才能怀孕。

现在，越来越多的人喜好饲养宠物。如果家里养了宠物如猫、狗、鸟，孕前最好去做一做检查。尽管感染弓形虫时被感染者不会有任何症状，可以像平时一样正常生活，但其后遗症会相当严重。如果孕妈妈感染了弓形虫病菌，就有可能导致流产、早产、胎死宫内等。还有可能造成胎儿的中枢神经先天性缺陷，如脑积水、小脑畸形、脉络膜视网膜炎等。

血型检查

为了预防产时或产后大出血，孕前常需检查血型，若孕前没有检查也可以孕早期检查。分娩可能导致大量出血，因此弄清楚孕妈妈的血型是相当必要的。另外，如果爸爸血型是 A 型、B 型或 AB 型，妈妈是 O 型，则生出的小宝宝有“ABO”溶血的可能性。如果妈妈为 Rh 阴性血型，以往有胎、婴儿 Rh 溶血史者，在生产前医生会预备些 Rh 阴性血液，以备新生儿发生 Rh 溶血症换血治疗时用。

梅毒检查

孕妈妈如果患有梅毒，毒菌会进入胎盘造成胎儿先天性感染。胎儿感染梅毒菌之后，肺、肝、脾、胰腺都会受到影响，胎盘也会发生变化，这会对胎儿的健康产生严重的影响。想了解是否感染梅毒就得做血清检查。在患有梅毒的情况下可以用青霉素进行治疗。在怀孕前 18 周进行治疗就可以预防胎儿感染，如果超过 18 周，就需要让孕妈妈和胎儿一起接受治疗。

艾滋病检查

艾滋病患者不宜怀孕。新生儿因爸爸或妈妈是艾滋病患者而直接感染病毒的平均概率是 25%。所以，在已经得知自己感染艾滋病的情况下就不应当生育。如果从怀孕第 8 个月开始服用防止母婴感染的药物，病毒传染给胎儿的可能性将会降低到 6%。

尽管对于大多数正常孕妈妈而言，感染艾滋病的概率很低，但仍应该增强防范的意识。在排出艾滋病感染的可能性之后，才能以健康的身体状态迎接怀孕。

贫血检查

患有贫血症将无法给胎儿提供充足的氧分和营养。胎儿是从妈妈的血液中获取必需物质的。若母体贫血，那么胎儿就无法获得充足的氧分和营养。育龄女性很容易因为贫血而在怀孕过程中身体变得非常虚弱。

孕妈妈贫血可能导致早产、难产，生出低体重宝宝，引起宝宝发育迟缓。严重的还会导致新生儿死亡。所以说孕妈妈的营养状况是新生儿是否健康的基础，这句话一点都不夸张。所有已婚女性都应在怀孕之前进行检查，发现问题要及时接受相关的治疗。

肝炎检查

如果孕妈妈患有肝炎，经过产道出生的宝宝就有可能染上肝炎病毒。肝炎也是一种被感染者自己可能都毫不知情的疾病，所以，如果不接受检查，就无法确认是否患病。在计划怀孕以后，先进行肝炎病毒接种，在产生抗体之后再怀孕是最安全的。如果在体内检查出有抗原，则还需通过几个不同种类的检查来确定其活动性如何。如果诊断为肝炎处于活动期，就必须在怀孕前进行彻底的休息和治疗。如果孕妈妈是肝炎病毒携带者，宝宝一出生就必须接种高价免疫球蛋白和肝炎疫苗。

尿常规检查

这是为诊断是否患有膀胱炎、尿道炎、肾炎而做的必要检查。如果蛋白质呈阳性，则有患妊娠期高血压病、妊娠期糖尿病的可能，所以怀孕前要做尿常规检查。

卵巢与子宫检查

卵巢功能检查主要包括：①基础体温检查。早晨醒后用口表测体温，记录并绘成基础体温曲线图，以了解卵巢功能，有无排卵、排卵日期及卵巢黄体功能。②宫颈黏液检查。宫颈黏液是颈管内膜分泌细胞分泌的，受卵巢分泌的雌、孕激素影响。③子宫内膜检查。④阴道脱落细胞检查（阴道涂片）。通过阴道脱落细胞的内分泌检查，为功能性子宫出血、闭经、先兆流产等病例的诊断与治疗提供参考。

利用 B 超可检查出卵巢和子宫是否存在异常情况，其中包括卵巢内是否有肿瘤、是否畸形。

衣原体检查

沙眼衣原体是一种细胞内微生物，传染方式以性接触为主，其次是通过手、眼及病人污染的衣物、器皿等媒介物间接传染。它是引发子宫内膜炎和输卵管炎症从而导致不孕的原因，还会导致流产、早产、死产等各种危险情况的发生。早检查早发现，治愈后可生育。

何时停止避孕 ★★★★

如果想怀孕，自然要停止避孕。如果之前一直使用避孕药，那么应该在停止服用药物 3 个月以后再怀孕。虽然没有明确的证据显示，在刚停止服用药物后就怀孕会生出畸形儿，但为了最大限度地减少药物的副作用，我们还是建议停药 3 个月后再怀孕。

戒除烟酒 ★★★★

在制订怀孕计划之后，最应该做的第一件事情就是戒除烟酒。如果完全戒除较为困难，为了宝宝将来的健康着想，至少应该在怀孕期前后尽量减少吸烟的数量和次数。

慎用药物 ★★★★

有很多父母担心自己服用的药物会导致胎儿畸形，实际上怀孕 4 周内，孕妈妈很难意识到自己已经怀孕。于是误服药物导致流产的事情时有发生。有计划地怀孕的好处之一就是能够消除由此带来的不安全感。

如果是正在服用营养药物，那么请仔细阅读相关的说明书，查看其对发育中的胎儿会产生什么样的影响。不听取专家的建议而服用大量的维生素、矿物质，反而会对胎儿造成不良影响。

一般来说，药物对胎儿、新生儿是否有不良影响，主要取决于以下几方面：

药物的性质

药物的性质主要是指药物的药理作用、毒性和理化特征。药物的药理作用是指药物有什么功能（如镇静功能、治疗甲亢功能、降血糖功能等）；药物的毒性是指药物在动物试验中是否有致畸作用；药物的理化性质则决定着药物是否容易通过胎盘。

用药时的孕周

孕期不同的时间用药所产生的后果不同：

- 在卵子受精后 1 周内，受精卵尚未种植在子宫内膜，故一般不受药物的影响。
- 在受精后的第 2 周内，受精卵已种植于子宫内膜，但胚胎组织尚未分化。药物可能对胚胎产生流产作用但无致畸作用，故此期用药相对安全。
- 受精后 3 ～ 10 周（停经 5 ～ 12 周）是胚胎各器官分化形成的时期，极易受药物等外界因素的影响而导致胎儿畸形，属“致畸高度敏感期”。在此期间如无十分必要，尽量不要用药。即使是保健品、滋补药也应尽量不用。如果必须用药，则应在医生指导下慎重选药，并应在怀孕 16 ～ 20 周时进行产前检查（包括 B 超），以便了解胎儿生长发育的情况及有无畸形。
- 在受精 10 周以后（停经 12 周以后），胎儿的绝大多数系统和器官已经形成，此后胎儿就是以生长发育为主了。故在此期用药可影响胎儿的生长发育，严重时，可使胎儿全身发育迟缓。

用药的剂量

药物所产生的效应与用药剂量有很大关系。小剂量的用药可能只造成暂时性的机体损害，而大剂量的用药或长期用药则可造成胚胎死亡或永久性的损害。用药时间过长和反复用药都会加重药物对胚胎及胎儿的损害。

小贴士

孕期用药应掌握如下的基本原则：

◎孕期用药必须有明确的用药指征。药物可用可不用时，应不用。

◎孕期用药时能单独用药的，应避免联合用药。当两种药物疗效相同时，应选用对胎儿危害较小的药物。

◎孕期用药时应清楚地了解孕周，严格掌握用药剂量和用药持续的时间，合理用药，及时停药。

◎孕期用药时，要尽量选用已证实对胚胎无害的药物，避免使用尚无肯定结论的新药。

◎有些药物虽然对胎儿不利，但可治疗危及孕妈妈生命的疾病时，仍需使用。

维持标准的体重

★★★★

许多人会为自己体重的增加感到烦恼，但过度的节食对身体同样有害。体重过重或是过轻都会降低受孕率。即使受孕成功，体重过重或过轻依旧会影响生育。体重过重可能诱发妊娠期高血压综合征、糖尿病等疾病，还会对关节造成损伤，体重过轻则会使胎儿发育迟缓，可能生出低体重儿。

生活有规律

★★★★

只有健康的身体，才会有健康的精子和卵子。没有什么比有规律的生活对此更重要了。孕妈妈应经常进行游泳、骑自行车、散步、慢跑等运动，保持适宜的体重，以自己的健康为标准合理膳食，保证充足的睡眠，劳逸结合。

为了孕育健康的宝宝而应遵循的10条法则

1. 禁止吸烟、饮酒等会对胎儿产生危害的行为。
2. 学习胎教方法。
3. 夫妻之间不要争吵，时常共度美好时光。
4. 避免过度节食。
5. 在遗传问题方面听取专家的意见。
6. 设想怀孕以后可能会遇到的困难和负担。
7. 坚持不懈地运动以增强体力。
8. 注意家庭计划、避孕方法和现在的健康状况等事项。
9. 均衡摄取各种营养。
10. 保持生活作息规律。

产前检查早知道——随时监测胎儿的成长

第1次产检（孕12周建卡）	初次产检（血压、体重、宫高、腹围、多普勒胎心、妇检）、孕期营养监测、B超、心电图、分泌物及病原体检测
第2次产检（孕16～20周）	清晨空腹抽血、产检（血压、体重、宫高、腹围、多普勒胎心）、唐氏筛查（14～20周）、血常规＋血型（ABO+Rh）、尿常规、肝功能＋两对半、血糖、血钙、血脂、丙肝抗体、梅毒反应素、HIV抗体、优生四项、微量元素
第3次产检（孕20～24周）	产检（血压、体重、宫高、腹围、多普勒胎心）、妊娠期高血压预测、妊娠期糖尿病筛查、彩超
第4次产检（孕28～30周）	产检（血压、体重、宫高、腹围、多普勒胎心）、B超、血常规、尿常规
第5次产检（孕32～34周）	产检（血压、体重、宫高、腹围、多普勒胎心）、血常规、尿常规
第6次产检（孕36周）	产检（血压、体重、宫高、腹围、多普勒胎心）、胎心监护
第7次产检（孕37周）	产检（血压、体重、宫高、腹围、多普勒胎心）、胎心监护、彩超、血常规、尿常规
第8次产检（孕38周）	产检（血压、体重、宫高、腹围、多普勒胎心）、胎心监护
第9次产检（孕39周）	产检（血压、体重、宫高、腹围、多普勒胎心）、胎心监护
第10次产检（孕40周）	产检（血压、体重、宫高、腹围、多普勒胎心）、胎心监护、B超、凝血四项、血常规

Chapter

3

40 周胎教之旅

第 1 ～ 4 周

恭喜你怀孕啦！此时心情是否有些忐忑不安呢？怀孕第一个月很重要，怀孕初期会出现哪些不适状况及如何缓解，胎儿在最初是如何发育的，怀孕初期应该吃什么，怎么吃才健康，这些疑问在这里你都可以找到答案。

孕妈妈的身体变化

第 1 ～ 2 周，月经停止、恶心、疲劳以及尿频等，这些都是怀孕的征兆，然而由于此时还没有怀孕，所以还不会出现以上征兆。就算出现消化不良、疲劳等情况，也是怀孕以外原因导致的。但是，如果在这一时期就了解怀孕的征兆，就能够为怀孕做积极的准备，也容易计算出预产期。

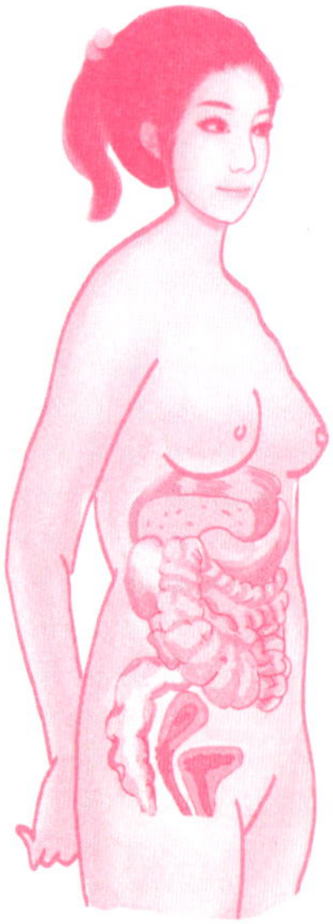

第 3 周，孕妈妈有时还是可以通过阴道分泌物的增多或轻微的疼痛意识到排卵。由于还没有经过一个月经周期，对自己怀孕的事情可能依旧是无所觉察。当然这一时期还未出现乳房胀大和孕吐等现象。虽然着床的过程可能会引起出血，此时即使流出的血液并非呈现出红色而是灰黑色，也不必惊慌。

第 4 周，到了第 4 周末的时候，月经就停止了。由此可以明显感觉到身体发生了变化。由于月经的停止，女性往往这时才恍然得知自己怀孕了。尽管维持妊娠过程的黄体酮开始分泌，但还不会使孕妈妈发生体重或外表的变化。

胎儿的成长

第 1 周就是最后一次月经开始的那一周，子宫内膜脱落形成月经之后，体内的激素会促使又一次排卵。

第 2 周，子宫内膜逐渐变厚，开始真正地为排卵做好准备。排卵时有的女性会感到疼痛。

第 3 周，精子与卵子在输卵管里相遇，并完成了受精与着床的过程。受精的卵子被称为受精卵，受精卵在输卵管里移动并最终进入子宫内部，接着就开始发生细胞分裂。此刻即是怀孕的开始。这一时期在子宫内生长的所谓胚胎实质上不过是一个细胞群，体积非常微小，只有 0.15 毫米，然而它却以飞快的速度增殖并成长。

第 4 周，微小的受精卵在子宫内部找到自己的位置并固定下来之后，就完成了向胚囊的转变。当它到达子宫的时候，受精卵分裂成两部分，一个黏附在子宫壁上形成了胎盘，余下的一个就变成了宝宝。进行 B 超检查可以观察到宝宝所生存的初始场所——胎囊。怀孕第 4 周时宝宝的身长为 0.36 ~ 1 毫米。

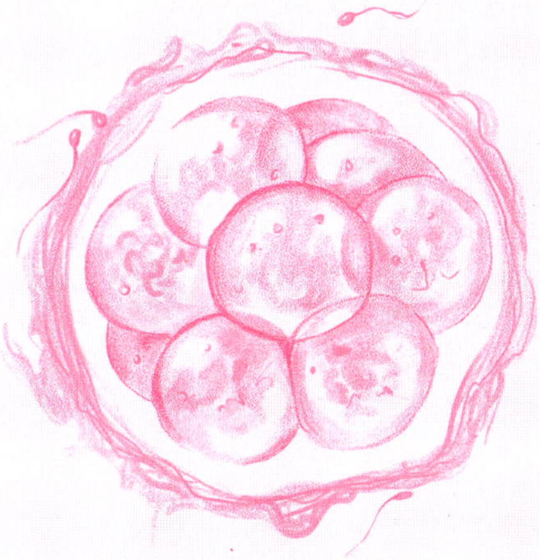

胎教备忘录

胎儿——受精卵会在1周的时间里，在子宫内膜上着床。在到达子宫之前，受精卵就不断发生细胞分裂，在柔软的子宫中找到自己的位置，着床以后很快就形成了初始形态下的神经管、血管系统、循环系统等组织，这些组织便开始向宝宝的心脏供血。这一时期的宝宝被称作胚芽，而把胚芽包裹起来的纤毛组织，即是后来形成胎盘的重要基础。

准爸爸——对于宝宝来说，准爸爸的作用是不可忽视的。准爸爸们在早期胎教中承担着选择何时生育的重要责任，应积极地与孕妈妈一起尽早开始胎教。

摄取充足的营养——对于即将怀孕的女性而言，应该时刻注意摄取最合理的营养。少吃经过多次加工后的食品。此外，还要避开含有酒精的食物，坚持进行适当的运动并适时休息。同时也要注意适量摄取叶酸，叶酸可以在怀孕初期起到预防贫血并降低宝宝患神经管畸形的作用，因此应当大量食用富含叶酸的水果、豆类、绿色蔬菜和粗粮，并且保证每天的水摄入量在2 000毫升以上。

进行有规律的运动——适当的运动可以为以后度过分娩的阵痛和分娩的难关打下基础，但其前提是根据怀孕的周期选择适当的运动。在运动中还应注意将自己的脉搏始终控制在每分钟140次以下，疲劳的时候要立即停下来休息。

基本检查——在怀孕的初期就应当接受体重、血压、尿液、血液等基本项目的检查。定期进行体重检查对于诊断妊娠高血压综合征和双胎妊娠有很大的帮助，血压检测的结果是诊断妊娠期高血压综合征的重要依据。尿液检查在判断是否感染上疾病的同时也可以检测出蛋白和尿糖的数值，因此是十分必要的。而通过血液检查可以得知自己的血型和Rh因子类型、对风疹的免疫能力，以及是否感染上乙肝或是性病。

避免烫发、染发——在怀孕初期的3个月里应当尽量避免染发和烫发。

饮食胎教

选择提高受孕概率的食物

孕妈妈在这一时期要充分摄取维生素 A、B 族维生素、维生素 C、维生素 E 等多种维生素。糙米、谷物胚芽、麦粒、豆芽、豆腐、豌豆、黑豆等新鲜食物，蔬菜还有各种水果也都是比较适合孕妈妈的食品。在这些食物中，红薯、土豆、柚子、李子、大枣、南瓜、花菜、荷兰芹和白菜则是你最好的选择。此外，当归是一种富含维生素 E 的药材，每天用开水泡 10 克服用也是相当有益处的。此外，你还应该吃一些锌、铜含量较高的肉类或海产品。

为了进一步保证受精卵顺利着床，可以每次取 20 毫升生地的汁液，每天 2 ～ 3 次空腹服用，也可以将浸泡过生地汁液的米饭熬成粥，具有补血降火的良好功效。另外，将去掉外壳和莲子心的莲子与米饭熬成米粥也具有同样的作用。

苦菜对于受精卵着床也有所帮助，它能强化心脏功能并安定情绪。另外，孕妈妈应该多吃卵磷脂含量较高的豆类、蛋黄以及动物肝脏等。

选择可以强化肝脏功能的食物

怀孕 4 周时胚胎仍然很小。受精卵周围是一些草根一样柔软细微的绒毛，这些绒毛可以透入到子宫内膜中，为胚胎汲取必要的营养和氧气，所以这一较为原始的时期被称为“胚芽期”。

在这一时期，母体的足厥阴经脉调控着胎儿的生长，并且与肝脏直接相关。所以除了性生活要注意外，孕妈妈还不应随意服用药物，而应吃一些强化肝脏功能的食品。如荠菜、韭菜、黑布林和木瓜等。

摄取优质蛋白质和钙

充分摄取优质蛋白质和钙质、维生素以及其他矿物质也是十分必要的。肉类、动物内脏、牛奶、奶酪、鸡蛋黄、鳗鱼和泥鳅等鲜活水产，在此刻都可以摆上我们的餐桌。除此以外，鱼片、牡蛎、豆制品、海藻以及西芹、青椒、白菜等也都是相当适宜的食品。

预防便秘和贫血

维生素 B_2 又被称作核黄素，缺乏这种营养成分，阴部和口腔就容易发生溃烂。牛奶、蛋黄、鳗鱼、紫菜和杏仁都是含有大量维生素 B_2 的食物。

黑布林的益处是不言而喻的，不仅维生素 B_2 的含量大大超过其他水果，而且硫胺素、烟酰胺和泛酸的含量也很丰富。服用黑布林可以有效预防便秘和贫血等症状。

适当服用鱼肝油和蛋黄

在胎儿即将形成自己的骨骼时，母体随时都可能缺钙。此时，要选择含钙和维生素 D 丰富的食品，如鸡蛋黄、鱼类和鱼肝油。

孕妈妈在怀孕期间体力消耗较大，或是钙严重不足时，就需要及时补充鱼肝油。如果孕妈妈出现焦躁不安或皮肤变粗糙的情况，服用鱼肝油可以起到良好的改善功效。

运动胎教

★★★★★

怀孕初期的身心疲惫、四肢无力多是由妊娠反应造成的。因此，一感到不适就立即卧床休息是完全没有必要的，此时，可以选择进行一些轻松的活动来调整自己的身心。

在怀孕的第 4 周之前，着床的过程都还没有完全结束，所以这时一定要避免剧烈的运动。此时，孕妈妈应该适当地做一些伸展运动和筋骨锻炼，这可以有效地缓解疲劳的感觉。

舒展背部

● 盘腿而坐，将双手手指在胸前交叉再一起向上推过头顶。

● 将背部伸直，借用双臂的力量尽力向上推，上推的同时吸气，随着双臂的放下再缓缓地吐气。

功效：强健筋骨，解除双肩的紧张感。

转动颈部

● 脖子向右边缓缓转动侧视右方，然后变为向左转动并侧视左方。

● 仰视，再俯视。

功效：通过从左到右，再从右到左的旋转，可以缓解颈部的僵硬状态，达到松弛肌肉的功效。

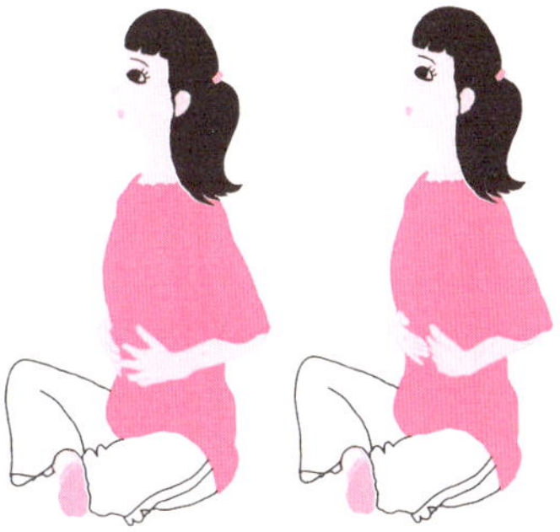

深呼吸

● 将双手放在腹部两侧，用鼻子深深地吸入一口气，同时向前挺起腹部。

● 慢慢地吐气，并随之收缩腹部。

功效：不仅可以缓解孕吐，还可以使孕妈妈的心态变得更加放松。

拉伸肋部

● 两腿分开站立，将右手臂向上举起，左手臂贴于身体前侧、向下伸直且手掌心朝上。

● 在左侧肋部收缩的同时尽可能地拉伸右侧的肋部。换一个方向重复这一动作。

功效：缓解疲劳，强健肋部、腰部肌肉。

拉伸腿部肌肉

● 将一条腿向前迈出并伸直，仅使脚后跟接触到地面，另一条腿弯曲的同时尽量使上半身的头部和腰部保持一条直线。

● 保持此姿势 15 ~ 30 秒，还要注意呼吸均匀。为了让前腿的膝盖不发生弯曲，可以用自己的手轻轻按住。

功效：可以有效地增加腿部后半边肌肉韧带的柔韧程度。

运动胎教的注意事项

1. 伴随着自然的呼吸完成这些动作，每个动作重复 8 ~ 12 次。

2. 伸展型的动作，在做出动作后保持 15 ~ 20 秒，以便让筋骨得到彻底的放松。

3. 所有的动作都要在向左和向右这两个方向之间切换进行，在更换方向之后要保持原来的力度和幅度。

4. 呼吸时用鼻子吸气，用口呼气。

5. 怀孕 4 个月之后，应尽量减少在平躺状态下的动作时间。原先平躺时做的动作可以在重复 3 ~ 5 次之后，改为侧卧姿势进行。

按摩胎教 ★★★★★

孕妈妈在整个孕期会出现一些不适，有的症状还会随着时间的推移而逐渐加重，这时可以通过足部按摩来解决问题。要记住怀孕期间不能使用按摩棒，而应该用手柔和地进行按摩。此外，怀孕的前 4 周是较为危险的时期，要等到受精卵着床成功后孕妈妈才可以接受足部的按摩。

针对白带增多

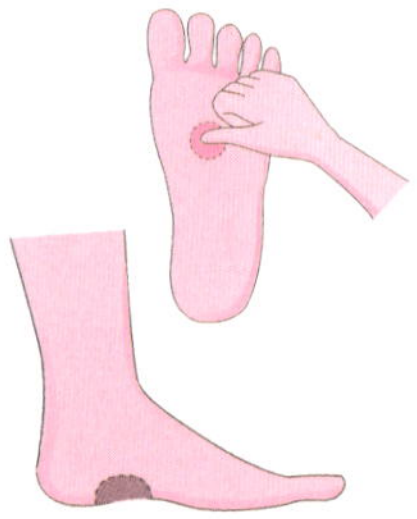

1. 在肾脏反射区的涌泉穴上用大拇指轻轻地按 1 ~ 2 次。

2. 涌泉穴和膀胱反射区之间是输尿管反射区，在这一区域用大拇指滑动搓摩约 9 次。

3. 用大拇指在膀胱反射区上下按摩 3 次。

4. 用大拇指按摩位于大脚趾底部的大脑反射区，每次持续 4 秒钟，共进行 4 ~ 5 次。

5. 握起拳头在生殖腺反射区上轻轻敲击 4 ～ 5 次。

6. 在子宫和卵巢的反射区按照逆时针方向画圆。

针对尿频

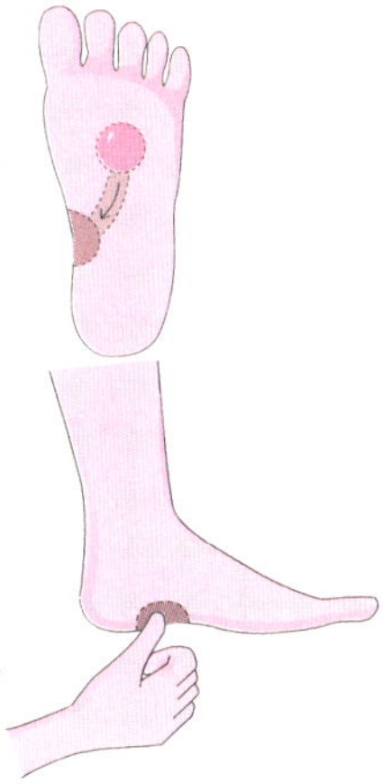

1. 在肾脏的反射区涌泉穴上用大拇指缓慢地连按 4 下，再重复 3 ～ 4 次。

2. 在涌泉穴和膀胱反射区之间的输尿管反射区，按照箭头所示方向用大拇指滑动搓摩约 9 次。

3. 在足部内侧的膀胱反射区，以没有痛感为前提，按 3 秒钟，重复按 3 次。

4. 用大拇指轻按位于大脚趾底部的大脑反射区，重复 4 ～ 5 次。

专家忠告：夫妻双方都要保持身心健康

健康的身心是胎教的重要基础

胎教并不是一门生产技术，完全按照时间来划分每个阶段的胎教并不具有严格的意义。无论是按周划分还是以月份为单位，具体胎教方法在更多意义上还是对孕妈妈进行的产前教育。其目的就是让孕妈妈有健康的身心，这也是胎教的根本所在。

在胎教过程中培养正确的生活态度是非常重要的。关于这一点，未必一定要从聆听柔美的音乐做起。

当然，在孕期常常欣赏美妙的旋律还是大有益处的。宝宝时时刻刻都发生着变化，只要能够大致掌握其变化规律并施以合适的胎教，毫无疑问将收到事半功倍的功效。

然而，假如看书之后就生搬硬套地认为“这个月可以和宝宝交谈啦”或“下个月最好多听一些优美的音乐”，这无疑是一种错误的想法。

在阅读与怀孕及胎教相关的书籍时，要了解宝宝和孕妈妈的各种变化并充分体会胎教的正确含义。实际上，学习胎教，应该从准备怀孕之前抓起，一旦到了为怀孕做准备的那一天，以前所学的那些胎教方法就可以一一派上用场了。

胎教应该从怀孕之前开始做起

人们对早教的关注程度正在不断上升，实际上比早教更值得关注的是早期的胎教。如果换一个角度去认识胎教，也可以将其认为是早教的一种吧。胎教是比早教更早开始的教育。

大部分女性都是在怀孕 1 ～ 2 个月之后才知道自己怀孕了。因此，如果想进行比较正规的胎教，就应该从怀孕之前开始准备。如果不这样做，就很可能错过进行早期胎教的重要时机。

无论是传统胎教还是现代胎教，都反复强调着“胎教是一种心理准备和生活态度”，这就是为什么胎教必须比怀孕更早地进行。毕竟良好的心理准备和生活态度不是一朝一夕就可以养成的。夫妻积极进行怀孕的准备，从胎教的角度来看，这就是一个最好的开端。

夫妻感情不和易导致宝宝出现缺陷

据统计，与关系融洽的夫妻相比，如果两人之间的感情出现裂缝，所生宝宝在精神或肢体上出现残疾的概率会上升 2.5 倍。胎教并不是孕妈妈一个人的事情，每一份责任都应该由夫妻两人共同承担。

有一种说法认为宝宝的身体是妈妈的，心灵是爸爸的。从这句话中我们可以看出，在受孕过程中爸爸的心理状态是相当重要的。从受孕的时候开始，一直到妈妈分娩为止，爸爸一定要做到的事情就是在妈妈需要自己的时候能够及时到达她的身边。

传统胎教中的“胎教七法”

1. 怀孕期间禁登高、饮酒，禁提搬重物、蹚溪过河，禁奇食怪味。
2. 切勿大喜大悲、担惊受怕，勿高谈阔论，勿内心委屈。
3. 小心地板、门窗、门槛、灶台、厕所等可能带来危险的地方。
4. 听美妙的言辞，欣赏动听的音乐，阅读有益的书籍。
5. 勿平躺、勿倚靠、勿单脚独立。
6. 接触自然的香气和万物的声音。
7. 怀孕期间做到节欲、禁欲。

第5～8周

进入孕期第2个月，孕妈妈开始出现孕吐、四肢无力、心悸等妊娠反应。孕妈妈除了通过饮食和运动来改善这些不适状况外，也可以让准爸爸为你做脚底按摩，这不仅可以缓解孕期不适，还可以增进夫妻感情。

孕妈妈的身体变化

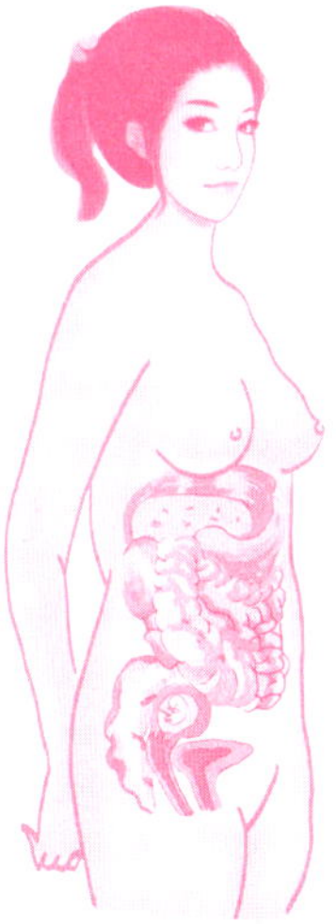

第5周，大多数孕妈妈此时开始出现恶心和呕吐现象，疲劳感出现得更加频繁，因此，这一阶段应该避免进行过激的运动、节食或者长途旅行。由于胸部明显变大，孕妈妈开始有衣服穿不下的感觉，尿频现象越来越严重。

第6周，孕吐、疲劳和尿频等症状更加明显，体重也略微有所增加。也有因为孕吐而导致体重下降的情况。由于身体的变化非常明显，绝大多数孕妈妈都足以借此判定怀孕的事实。除一些普通的症状之外，偶尔还会有乳房发痒并感到心口疼痛的症状，甚至会突然有一种不安的情绪。另外，排便习惯也发生了变化，容易出现便秘和痔疮等症状。

第7周，眩晕和恶心等孕吐症状变得越发严重，乳头的颜色微微变深，乳腺发达起来；一些孕吐症状不太厉害的孕妈妈会发现自己的体重逐渐增加。

第8周，子宫的体积渐渐扩大，体重也有所增加，但从外表上还看不出怀孕迹象。腰部的轮廓逐渐消失，穿原来的衣服常常会觉得此部位被勒得很紧。乳腺越来越发达，孕妈妈会感到自己的胸部变得丰满。此外，下腹部、肋部和腿部不时出现疼痛的感觉。如果发生坐骨神经痛的症状，换一个地方侧躺下去就会有很明显的改善。

胎儿的成长

第5周，胚胎的直径只有3～4毫米，相当于一粒苹果籽，宝宝出现了心跳。胎盘与脐带开始起供给营养的重要作用。心脏逐渐有了雏形，两条主心血管开始持续不断的收缩运动，大脑和脊椎也慢慢地发育。随着骨骼的形成，已经可以区分开宝宝的头部和尾部。

第6周，宝宝头顶到臀部的距离约6毫米，这时其外观与蝌蚪有几分相似，并且生长发育迅速。长出眼睑和晶状体，四肢的芽体开始出现，胎儿的头部、尾部和臂部都已可以被轻易地区分开。此外，肝脏、胰脏、甲状腺、肺、心脏等器官开始形成，脑部的体积增加，血液循环也开始运作。做B超检查时有可能听见宝宝的声音。

第7周，宝宝的身长有11～13毫米。心脏变得饱满，并分离出左心室和右心室，肺部也长出支气管，从而进入其发育的第一阶段。同时，大脑半球也逐渐成形，肠、盲肠和胰脏开始发育，眼球发育成为一个黑点，舌部和身体开始变长，头部变大，眼皮也渐渐长了出来。

第8周，宝宝身高已经增长到14～20毫米。

在这一时期，宝宝有了嗅觉，眼球里色素含量增高，四肢也明显变长，其颈部开始发育，下肢的芽体分化为大腿、小腿和足，上肢的芽体分化为手、胳膊和肩。生殖腺方面，男宝宝的睾丸以及女宝宝的卵巢开始出现，同时，软骨组织和骨骼也开始生长。

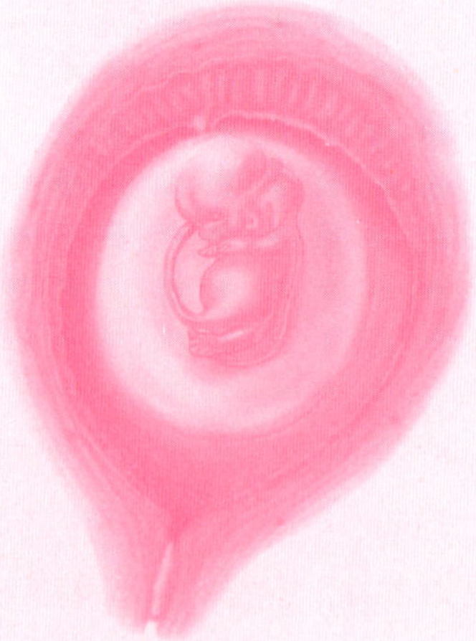

胎教备忘录

警惕滥用药物——不要随意吃中药和营养品，孕吐严重的时候询问妇产科专家。

预防便秘——常常喝水或饮用李子汁可以缓解便秘症状。另外还需记住：排便时切勿用力过度。

服用药物——服用药物时必须征得医生的同意。

性生活——在怀孕初期时发生流产的可能性较高，因此进行性生活时要格外注意体位的选择。

摄取必需的营养——吃乳制品、绿色蔬菜、动物肝脏、蛋黄、坚果、海产品和肉类以补充钙质，还要注意维持体内铁元素和锌元素的含量。

饮食胎教

预防孕吐

在第 5 ～ 8 周期间，胎儿的生长是与孕妈妈的足少阳经脉息息相关的，足少阳经脉所对应的器官是胆囊。孕妈妈的肝脏和胆囊给胎儿提供血液和营养，因此会变得较为虚弱。在经历着孕吐等各种不适症状的同时，孕妈妈往往会喜爱上酸味的食品。这一时期饮食应当注意强化肝脏和胆囊功能，促进宝宝的骨骼生长及减轻孕吐。

约 60% 的孕妈妈在怀孕的第 6 ～ 8 周期间经常发生孕吐症状。时常吃一点东西可以减轻孕吐症状，除此以外，尽可能吃清淡的食物。

预防便秘

在入睡之前可以准备一些果汁、牛奶等饮料，夜里醒来的时候就可以喝上两口。这样能及时补充孕吐所带来的水分缺失，防止出现便秘。

另外，最好不要同时吃固体和液体食物。先吃固体食物，再喝下饮料。

警惕营养不良和脱水

如果用餐后孕吐变重，可以考虑减去一餐，但同时必须好好研究什么才是利于消化的食物和烹饪方法。呕吐非常严重的时候你可能会难以进食，这时就有可能出现营养不良或脱水的现象。这无论对胎儿还是对你都是有很大危害的。一旦出现了进食困难的情况，你应当立刻咨询自己的医生，通过输液等手段及时补充水分和营养。

怀孕期间的进食不一定要受到用餐时段的限制，在适当的情况下多吃几顿是有益无害的。但是要避免吃过凉、过酸、过辣的刺激性食品，而且在用餐后 30 分钟以内最好不要运动。维生素 B_1 可以促进消化液分泌从而增进食欲，植物胚芽、糙米中均含有大量维生素 B_1，但这些食品含有的热量较低，不可当作正餐。

将竹笋在淘米水中浸泡一夜再冲洗干净，放在冰箱里冷藏，然后每天泡 20 克当作茶水随时服用。或者煮一锅海参竹笋汤，分数次饮用也可以达到同样的功效。

预防贫血

孕妈妈血液中的铁元素含量不足时，孕吐症状往往会变得更加严重。为了改善这一情况并预防贫血，应该相应地调整自己的饮食结构。

避免吃凉粉、柿子和绿茶等含有大量单宁的食物，多吃可以改善贫血状况的动物肝、肾以及生蚝、牡蛎和紫菜。鱼类中较为合适的有沙丁鱼、秋刀鱼等。其中秋刀鱼不仅蛋白质的含量比牛肉和猪肉高得多，还含有大量的维生素 B_{12} 等物质。

维生素 B_{12} 对贫血症状有着特殊的改善功效而被人们称作“红色维生素”，它不仅直接参与造血，还是蛋白质与核酸合成的重要成分，并具有强化肝功能的作用。

另外，缺乏维生素 B_6 会使贫血状况更加严重。米糠、牛肝、酵母和荞麦中含有大量维生素 B_6。

运动胎教

此阶段胎盘还没完全形成，胚胎还很不稳定，所以需要避免幅度较大或可能造成剧烈震动的运动，此外还不能长时间站立，在站立状态下进行各种活动也需要多加小心。

这一时期，为不久之后即将隆起的腹部考虑，应多做一些强化腰部和背部力量的运动。有一些运动是在怀孕之后就应彻底禁止的，如高台跳水、滑翔、潜水和足球等。此外，平时没有运动习惯的女性在怀孕期间不应参加健美操活动，对你们来说像散步这样的轻量运动，才是最合适的选择。

肩部放松

● 以舒适的姿势盘腿而坐，将力量集中到肩部，同时略微提肩。

● 一下子放松下来，让两肩自然降下。

功效：可以放松肩部的肌肉。

同时抬举四肢

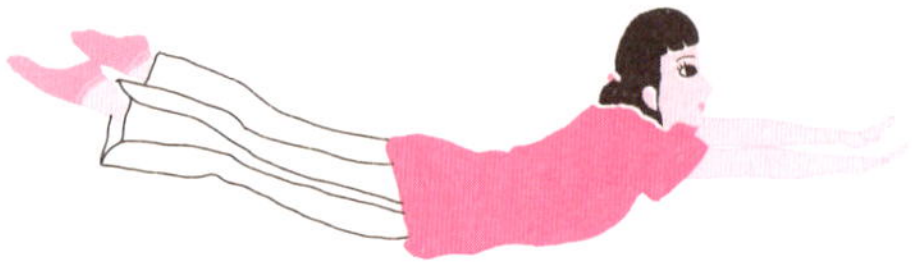

● 两臂向前平伸，在俯卧的姿势下将双臂和双腿同时向上抬起。

功效：放松肩部、背部的肌肉。

提拉上身

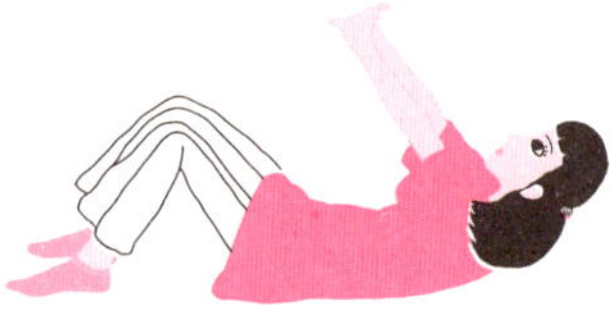

● 平躺时将膝盖立起，双手朝屋顶方向推去，感觉就好像要接触到屋顶一样。

● 同时提拉上身再慢慢躺下，上身被提拉起来的时候呼气，躺下的时候再重新吸气。

功效：可以强化腹部的肌肉。

举起上身

● 俯卧时将两手放在胸部前端扶住地面。然后将上身举起。

功效：在强化后背肌肉的同时锻炼腹部。

臀部运动

● 躺下以后将双腿高高举起，同时抬起臀部。

功效：可以锻炼下腹部肌肉。

按摩胎教 ★★★★★

针对孕吐

1. 用大拇指在涌泉穴上轻按 3 次，每次持续 4 秒钟。

2. 在输尿管反射区用大拇指滑动搓摩 9 次以上。

3. 用大拇指在膀胱反射区上按压 4 ～ 5 次，每次持续 4 秒钟以上。

4. 每两个脚趾之间的部位是淋巴系统的反射区，在这一区域用大拇指和食指向外抽拔，每一个部位重复 1 ～ 2 次。

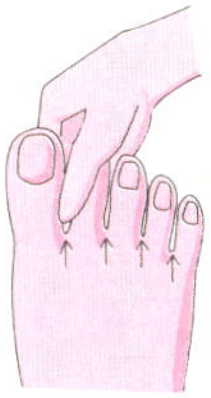

5. 在肠胃的反射区用大拇指进行挤压，一共 3 次，每次 4 秒。另外在胰脏和十二指肠的反射区内用大拇指按照逆时针方向进行旋涡式旋转。结束之后在这三个区域之间从上到下缓慢地搓摩，以达到最佳的按摩功效。

6. 用双手握住整个脚背，模仿掰开一只苹果的动作来进行按摩，重复 4 ～ 5 次。

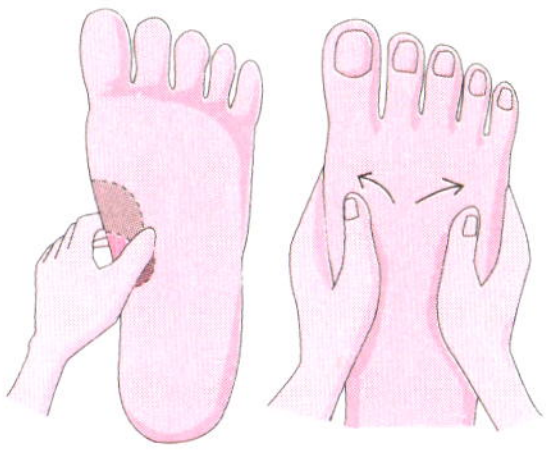

小贴士

1. 让我们伴随着自然的呼吸来完成以上这些运动，每个动作重复 8 ～ 12 次。

2. 对于伸展形的动作，应当在做出动作后保持 15 ～ 20 秒，争取让筋骨得到彻底的放松。

3. 切记所有的动作都要在向左和向右这两个方向之间切换进行，在更换方向之后要保持原来的力度和幅度。

4. 呼吸的时候用鼻子吸，再用口呼出。

5. 怀孕 4 个月之后应尽量缩短在平躺状态下进行运动所持续的时间。原先平躺时做的动作可以在重复 3 ～ 5 次之后，改为侧卧姿势进行。

针对疲劳

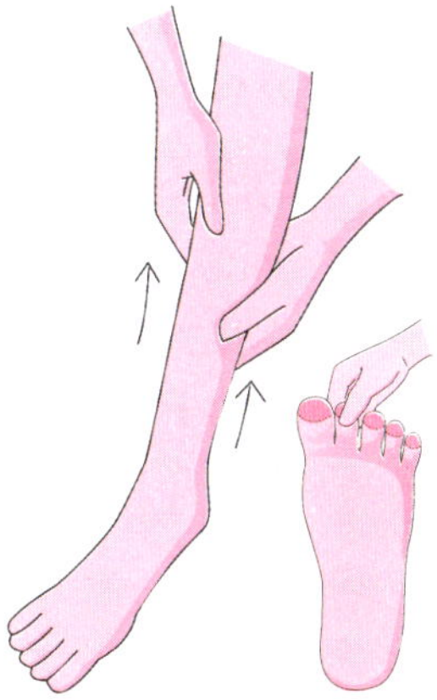

1. 热水泡脚 15 分钟左右。

2. 用大拇指在涌泉穴上轻按 3 次，每次持续 4 秒钟。

3. 在输尿管反射区用大拇指滑动搓摩 9 次以上，再在膀胱反射区上按摩 4 ～ 5 次，每次持续 4 秒钟以上。

4. 从脚腕开始朝膝盖方向按摩，争取做到让脚上的血液向上循环的功效。

5. 用大拇指在每一个脚趾靠近顶端的凹陷处按摩 2 ～ 3 次，每次持续 4 秒钟。

预防流产

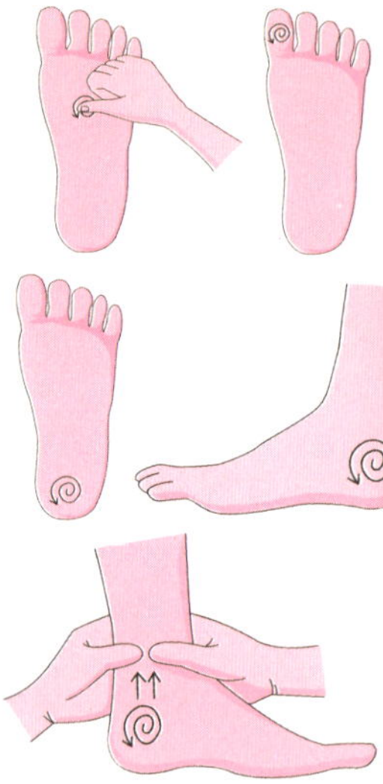

1. 在涌泉穴上用大拇指从里到外画圆，每一次持续 4 秒钟。画的时候要按照逆时针的方向，并重复 4 ～ 5 次。

2. 位于大脚趾中央的是脑垂体反射区，用大拇指在这一区域画圆并重复 4 ～ 5 次。

3. 在脚后跟底部的生殖腺反射区上用大拇指画圆，搓摩 4 ～ 5 次。

4. 在脚踝的内外两侧用大拇指按逆时针方向画圆，搓摩 4 ～ 5 次。

5. 从内侧脚踝向上三指的部位是三阴交穴，用两只手一起从脚踝推摩三阴交穴。

保健胎教 ★★★★★

孕妈妈衣着应选择宽松、纯棉制品

怀孕后随着全身血循环的增加、代谢的旺盛，你会出汗较多，阴道分泌物也会有所增加，因此我们建议你除了勤洗澡外，还应尽可能穿一些轻柔的自然纤维做成的衣服，如棉布类或丝绸类衣物，这样的衣物不刺激皮肤，吸汗，且令你行动方便。怀孕后穿衣服要尽可能地简单而宽松，少用或不用过紧的腰带。多数孕妈妈直到怀孕 5 ～ 6 个月，才不能再穿平日的衣服。裙装可以一直穿到分娩，随着乳房的增大，衣服一定不要紧紧束胸。

文胸

怀孕后孕妈妈的乳房会不断增大，所以即使平时不用文胸，这时也一定要用文胸。因为文胸可以支托起日益增大的乳房。若不用文胸，沉重的乳房可能会下垂，而且有可能是永久性的。随着孕周的增加，乳房不断长大，孕妈妈也要注意不断调整文胸的大小。有专家发现孕期文胸过紧与产后泌乳少有关，对此，你也应该注意。

内裤

内衣内裤都应该勤洗勤换，而且最好用纯棉制品。内裤要选择有伸缩性的，到肚子相当大的时候，孕妈妈应穿能够把肚子完全遮住且适合怀孕期间穿的内裤。由于怀孕后阴道分泌物增多，内裤要选用有良好通气性和吸湿性的布料。内裤不要紧紧地勒在肚子上或大腿根，尽可能地宽松一些。

鞋子

当孕妈妈的体重逐渐增加，腿及背部将有弯曲，韧带会变软且容易伸展，因此为了足部的舒适，一定要注意选择好鞋子。首先要考虑到穿鞋的安全性，脚背能与鞋子紧密结合，后跟应比较宽大以便能牢固地支撑身体，鞋底应有防滑纹以防摔倒。鞋子最好能使脚底有一定的足弓，因为随着怀孕时间的增加，脚心受力加重，会形成扁平足状态，这是造成脚部疲劳、肌肉疼痛和抽筋的原因之一。因此要想办法保持足底的弓形，高跟鞋和容易脱落的鞋等就不适宜穿了。你穿上高跟鞋后，会使腰板和后背都很难受，容易腰痛，而且高跟鞋不易站立和行走。当然，鞋跟也不宜过低，否则走路时容易疲倦，高度大约2厘米最理想。

怀孕后半期，傍晚时孕妈妈脚部往往会出现水肿，所以鞋子最好买大一号的。此外丝袜容易滑脚，应该尽量避免穿。

孕妇装

你可以根据自己的喜好选择孕妇装的样式，可挑选那些穿在身上能够很美地体现出胸部线条的，使鼓起的肚子显得不突出的样式。由于样式受体形的限制，所以尽可能地选择简单、容易穿脱的样式，当然颜色可以选择较明快一些、能让人精神振奋的。

你可以去专门的孕妇服装店选购，也可以自己做1～2件自己喜欢、漂亮而有魅力的衣服，还可以穿以前比较宽大的衣服，只要能反映出自己的气质和精神面貌就可以了。要记住自己有好几个月的时间去享受孕妇装，所以一定要注意既应穿得舒适又要漂亮大方。

小贴士

怎样挑选孕妇装才能使孕妈妈看起来苗条

深色的衣服可以隐蔽孕妈妈外形，一个显著的肩带或颈部一个大的蝴蝶结，都可使别人的注意力从膨大的肚子移开。任何有抽带和有弹性腰围的衣服都能很好地适应腹部的膨大。多层次的穿着将不显得体形那么庞大，比如一个长裙外加一个短罩衣，或一件长袖套头衫外随便地穿一件稍短的马甲，看起来会很好看。大花的布和宽的线条会显得更胖，而小花图案配上柔和的色调，显得和谐而且精巧。

孕妈妈如何选择交通工具

当孕妈妈在孕期出远门时，要乘车、船、飞机等，因此，必须选择适当的交通工具，并掌握乘坐知识，以免发生意外。

现在骑自行车比较普遍，但在孕早期和临产前 3 个月，最好别骑自行车，以免造成流产或早产。其他月份如果骑自行车，要选择高矮合适的车，在比较平坦的路上小心慢行。在乘坐汽车时，要系好安全带。为了避免疲劳和腰疼，可用一个垫子放在腰部后面。在行进 2 小时左右时，下车走动 5 ～ 10 分钟，活动一下身体。

乘火车比较安全，缺点是使人感到疲倦和背痛，所以最好坐卧铺，便于休息。对于长途旅行，乘飞机是最好的选择，因为飞机速度快，是耗费体力最少的交通工具。但是，从怀孕 8 个月开始，就不宜再乘飞机了，以免途中发生意外。

怀孕期间如何缓解压力

怀孕后的职业女性面临着双重压力，既有工作上的，又有自身的，如不及时疏导和缓解，必然要影响母婴健康，因此，你不妨用聊天、想象、按摩、散步、听胎教音乐或做些自己喜欢做的事来排解压力。

想象一些自己喜欢去的地方，如公园、海边、农家小院、小溪、高山、一望无际的平原等。把思绪集中在美好的景色上，可以使人精神饱满，心旷神怡。聊天可以释放和减轻心中的种种忧虑，在轻松愉快的聊天中，也许你就忘却了身体的不适。烦闷时，你可以闭目养神片刻，然后用手指尖按摩前额、双侧太阳穴及后脖颈，每处 16 拍，做上几分钟后，你的心情慢慢地就会好转。也可不时地选择一些优美抒情的音乐或胎教磁带来听，一方面给腹中的胎儿进行音乐胎教；另一方面调节你的情绪，或动手制作一些小玩具、小动物、小娃娃，或学习插花艺术，或为即将出生的宝宝做一些小衣物。相信，当你全身心地构思和做这些小玩意的时候，你的母爱情结就会升华，一切烦恼和不适都会抛到九霄云外。

专家忠告：给胎儿提供充足的氧气

与胎儿期同样重要的是胚芽期

从医学的角度讲，精子和卵子相遇才发生受精，从那时开始 10 周以后一直到婴儿出生时为止，腹中的宝宝才可以被称作胎儿。因为在第 10 周里，胚芽期中形成的身体各个部分开始进行第二阶段的发育和生长。换句话说，胚芽时期所形成的心脏、肝、肺和脑部都处于原始的状态，一直要到胎儿时期，这些已经形成的器官才会逐渐发育成熟。

胚芽期与胎儿期的区别

如果你能够理解胚芽和胎儿的区别，将对自身保养和胎教大有帮助。在怀孕初期，可能有很多孕妈妈由于误服了药物而忐忑不安，事实上药物对怀孕的影响主要发生在胚芽期里，在胎儿期并不明显。得知这样的区别之后，你就不用为自己在胎儿期服用过药物而深感忧虑了。要知道对于宝宝而言，没有什么比母体时刻处在压力之下更加糟糕的事了，如果能牢记这一点，胎教就会取得相当好的功效。

在胚芽期中，你不仅要保持情绪稳定，还要尽可能减轻身体上的负担。此时期的胎教重点就是通过安定情绪和休息，将你的疲劳程度减到最低，要想做到这一点，需要更多的是准爸爸的鼎力协助。

避免缺氧

在受到压力的时候，你可能会出现缺氧的症状。胎儿处于胚芽期时，保证氧气充足是一件非常重要的事情，因此你一定要尽量避免受到压力。

胚芽期是宝宝各个重要器官开始形成的时期，如果供氧不足就会在组织分化的过程中引起致命的缺陷，要知道只有在组织正常分化之后，身体各个部位才能够完整地形成，所以一定要防止因为压力等因素而造成的缺氧状况。

许多长辈都会告诫孕妈妈不要长时间置身于热水当中，应远离高温环境。原因何在呢？事实上，这就是一个供氧的问题。高温环境下造成的缺氧会让子宫里的宝宝处于危险之中。有研究表明，那些在怀孕初期经常出入桑拿房的孕妈妈产下畸形儿的概率比一般的高出 2 ～ 3 倍。

另外，你在怀孕初期应尽量远离氧气稀薄的环境，并避免进行那些需要消耗大量氧气的运动。有氧运动是一种需要在氧气充足的环境下才可以进行的运动，如果你运动的环境氧气不足或运动强度过大，会消耗你身体大量的氧气，从而造成对胎儿的供氧不足。

扩展阅读："大人物"的胎教

周文王是奠定周朝基础的伟大人物，他的母亲太任，诚实而又端庄，其品德闻名于天下。传说太任怀上文王以后，一直坚持做到两眼不看丑恶的东西，两耳不听刺耳的声音。

苏格拉底的母亲在怀上苏格拉底之后对文学产生了极大的兴趣，并阅读了大量的书籍。这大概就是苏格拉底，一个在人类历史上留下不可磨灭足迹的哲学家诞生的最初根源吧！

莫扎特的母亲在怀孕之后一直保持着对音乐的热爱。她每天都将大量的时间花在欣赏音乐上，结果莫扎特成为音乐天才。在她接触音乐以前所生的莫扎特的兄长当中，却没有一个人在音乐方面体现出才华。

被称为朝鲜头号贤妻良母的申师任堂，曾经做过一个有位海中的仙女把她的婴儿交给自己的胎梦。她在确认自己怀孕的事实之后不仅经常告诫自己"调整心理状态非常重要，心中向善时生出的孩子也向善，心中向恶时生出的孩子也向恶"，还时时刻刻注意自己的言行举止。就在这样的状态下她开始进行胎教，并在后来成为所有朝鲜妇女的榜样。

第 9 ～ 12 周

从孕前 3 个月，到孕期前 3 个月，你每天都要补充叶酸，所以这个月你仍然需要继续服用叶酸。这一时期，你可能会出现便秘、贫血及消化不良等不适情况，可以通过饮食调理及按摩得到改善。

孕妈妈的身体变化

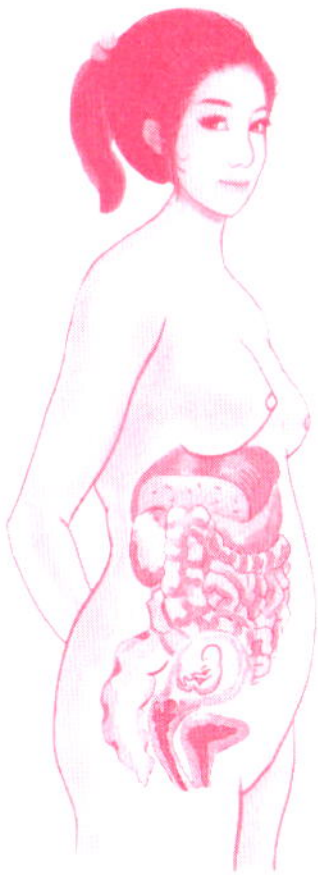

第 9 周，你的腰部开始变粗了，子宫几乎已经超过葡萄柚的大小，乳房下部的表面可能会出现静脉曲张，这是身体内的血液流动量大量增加的缘故。而在这一过程中红细胞和血浆的大量制造是造成你贫血的主要原因。与此同时，激素的增加使便秘和尿路感染发生的概率大大上升了。

第 10 周，腹部的变化终于开始体现出来了。尽管因人而异，但绝大多数孕妈妈都可以感觉到自己腰部变粗。此外，你的乳房重量也有一定程度的增加，还有些人可能已经通过宝宝心脏跳动的声音切实感受到小生命的存在。

第 11 周，随着宝宝的生长而逐渐变大的子宫几乎占据了整个骨盆。头发、手指和脚趾也都发生了明显的改变，随着血液供给量的上升，乳房附近的静脉清晰可见。尽管腹部还没有明显隆起，但你穿牛仔裤会觉得很不舒服。

在第 12 周末的时候，你的子宫进一步胀大，耻骨附近的异样感觉变得更加明显。在整个孕期，子宫会胀大到占据整个骨盆和腹部，但分娩后不久就又会恢复到原来的大小。产生羊水以后身体开始变重，肋部、臀部和腿部都变得丰满，除此以外激素的增多还导致血液循环加速，头发生长得比以前更快，皮肤也发生了一定的改变。乳房继续增大，可能有长时间的疼痛感，重量增加的同时偶尔也会变得柔软起来。

胎儿的成长

第 9 周，胎儿从头顶到臀部的长度有 22 ～ 30 毫米，其视网膜的神经细胞开始生成，面部肌肉和上嘴唇也进入了发育阶段，在耳朵的内部出现了半球形的导管。手指和脚趾也全部长了出来，连接头和身躯的颈部变得清晰可见，尿道和直肠完全地分离开来，能区分腹腔和胸腔。有时在 B 超检查中甚至能观测到胎动。

第 10 周，最后几天是胚芽期的末尾，同时也是胎儿期的开端。这一时期宝宝从头顶到臀部的距离达到 42 毫米，体重也增长到约 5 克。此时宝宝的脏器和身体的发育已经进入相当活跃的阶段，其外表也开始逐渐向人的形态靠近。宝宝的双眼渐渐地从头部的侧面朝脸部中央移动，身体上长出了肌肉，横膈膜将肺和肠胃分离到两边，后者则慢慢地到其最终的位置。味觉的重要器官——味蕾在这个时候出现了。女宝宝长出了阴蒂，同时体内的卵巢也正在不停地成长着。

第 11 周，胎儿从头顶到臀部的距离是 44 ～ 60 毫米，体重大约 8 克。头部仍占据着身体的一半大小，颌部逐渐成形的同时，颈部的长度也不断增加，外部生殖器变得十分明显，牙齿开始长出，还形成了皮肤毛囊。

第 12 周，胎儿的体重增加到 14 克，身高也达到了 61 毫米，整个身体的大小在过去的 3 周内几乎又翻了整整一倍。其软骨组织进一步成形，肝脏具有造血的功能并开始分泌胆汁，肺部完全形成，甲状腺和胰脏也已接近成熟。在胎儿的脑垂体里，开始有激素产生，消化器官获得了收缩的能力，随着内部生殖器的生长，能区分男宝宝和女宝宝。

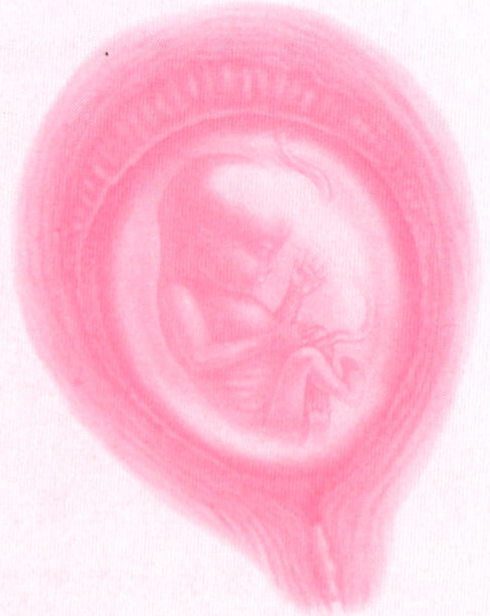

胎教备忘录

摄取营养——应充分摄取各种水果和蔬菜，注意多吃含铁、纤维素和叶酸的食物。

远离电磁波——胎儿对电磁波相当敏感，所以最好不要使用电热毯、电炉和其他的电器制品，避免过多地与电磁波接触。此外，还应当尽量避免洗热水浴或蒸桑拿等。穿防辐射服也是保护胎儿的一种方法。

定期接受检查——第一次检查应如实告诉医生自己过去是否有流产、人工流产的经历，家族病史如何，以及最近正在服用哪些药物等。一定要按时做产前检查。

孕期检查——可以在家中显眼处贴上纸条，提醒自己下一次检查的日期。

畸形检查——应通过绒毛膜取样、B超检查判断是否畸形，在某些情况下也可以通过胎儿镜检查来观察胎盘的生长情况。

摄取蛋白质——可以吃些低脂肪肉类、鱼肉、鸡蛋和坚果来提高蛋白质的摄取量，每天保持适量的运动和均衡的饮食。胆碱和DHA也对胎儿的脑细胞发育有所帮助。

注意身体健康——在怀孕过程中，某些感染症状和疾病会影响到胎儿的脏器及全身的正常发育，所以一定注意不要染上疾病，尽量避免接种疫苗和节食等不安全行为。

B超检查——在这一时期，做此项检查可以获知胎儿身体大小和成长速度等信息。

摄取碳水化合物——碳水化合物是宝宝生长发育所需的主要营养物质。你每天至少应该吃半碗米饭和面条，另加1块面包和30克左右的谷类食物。

注意安全——应当小心不要跌倒或受伤。

注意出血症状——出现早期阵痛或出血等症状应立即请专门医师进行诊治，并一切按照医师的嘱咐行事。

饮食胎教

补充叶酸

在 9 ～ 12 周期间控制胎儿生长的是孕妈妈的手厥阴经脉，手厥阴经脉分布在心脏周围，并起到给心脏供给营养的作用。这一时期饮食的注意要点是强化手厥阴经脉，并帮助宝宝的脑部和心脏发育，最好还能兼有安胎的功效，因为此时流产的概率还没有降低。

为了促进胎儿的细胞分裂，你应该适当多吃含有丰富叶酸的菠菜、生菜、茼蒿、动物肝脏、大豆和红豆，这是大有益处的。还可以通过食用植物油来摄取不饱和脂肪酸，以此帮助胎儿的内分泌系统发育，并促进其细胞的生成。

补充高蛋白和铁

为了胎儿的脑部发育，你还应当摄入一些高蛋白和铁含量充足的食物，如动物肝脏、海螺、鲣鱼、牡蛎、蛤蜊、荞麦、茼蒿、芹菜、菠菜、牛奶、核桃、松子和扁桃等。

为了防止这一时期比较容易出现的流产现象，补充大量的维生素 C 是相当必要的。有科学家做过专门的实验，在被预测有流产危险的孕妈妈当中，给其中的 33 位补充维生素 C、维生素 P 和维生素 K，她们当中 91% 的人都顺利地生下了宝宝，而在其他没有补充维生素的 46 位孕妈妈，则无一例外地出现流产现象。

预防流产

这一时期某些孕妈妈可能会有少量出血的现象，人们称之为“胎漏”。此时，你可在医生的指导下吃一些艾蒿或者生地。葱是我们离不开的配料，糯米熬成粥，加入 3 ～ 5 只葱根，煮熟后食用。或取葱根煮成较浓的汤汁服下，亦可起到安胎的效果。

鲤鱼和香蒲也具有很好的功效。后者的止血作用十分明显，将香蒲与蜂蜜一起制作糕点或取其嫩芽掺在泡菜里也能起到同样的功效。

运动胎教 ★★★★★

进入第12周末，可以说已经到了较为安全的时期，不过仍需小心谨慎。尽量避免容易引起强烈震动或是幅度较大的运动。此时已经能够看出你逐渐隆起的腹部，为了减轻以后胎儿继续变大带来的腰部疼痛，你应该主要锻炼腹、背肌肉，同时培养保持平衡的能力。

这段时间里你往往会感觉到因脊柱受压迫而产生的阵痛，同时骨盆和臀部也可能会有疼痛的感觉。经常活动骨盆周围的肌肉可以缓解这些症状。在整个怀孕过程中，有多种诱因可能引起臀部疼痛，受到胎儿压迫则是较为常见的原因。

长久地保持坐姿，运动量过大都有可能导致疼痛。如果发生以上的这些情况，那么你就应该立即停止运动。

转动肩部

● 以放松的姿势盘腿而坐，两肩先从后向前、再从前向后进行转动。

功效：可以使肩部的关节变得柔软，并能缓解紧张的感觉。

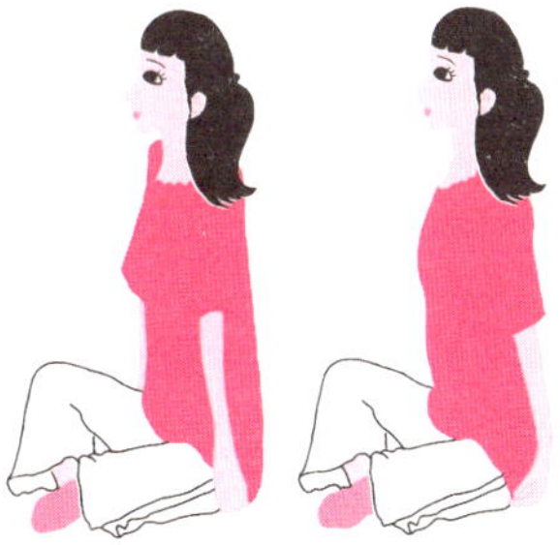

肋部运动

● 采取仰卧的姿势，曲起膝盖然后上举，双手叉在一起并放在头部后方。

● 接着抬起上身，尽量让自己的肘部一侧接触到另一侧的膝盖，之后再次躺下。

抬起上身的同时呼气，躺下的同时则再次吸气。

功效：可以有效锻炼臀部的关节和肌肉。

推动骨盆

● 在仰卧的姿势下立起膝盖，然后把臀部向上推抬，用大腿和臀部的力量上推再下降。

功效：可以强化大腿和骨盆下部的肌肉。

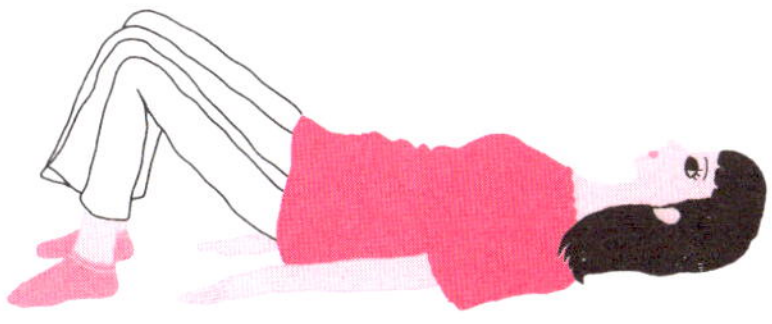

骨盆运动

● 两脚分开，膝盖稍微弯曲，接着慢慢地转动臀部。

● 尽量保持腰部不要跟着旋转，而让其起到带动臀部的作用。在重复数次之后，要记得更换转动的方向。

功效：能更好地支撑日渐增重的身体，还可以提高孕妈妈掌握身体重心的能力。

保持平衡

● 两手抓住椅背或将双臂张开以保持平衡。在此姿势下抬起脚后跟再轻轻放下。

功效：可以有效地锻炼腰部的肌肉。

按摩胎教 ★★★★★

针对贫血

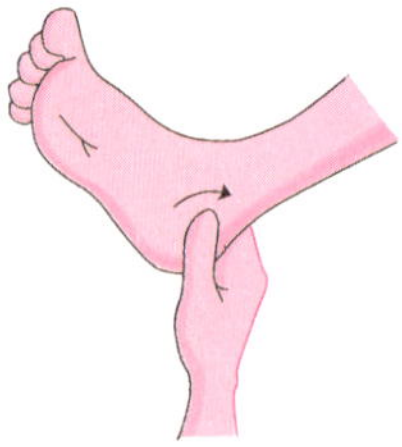

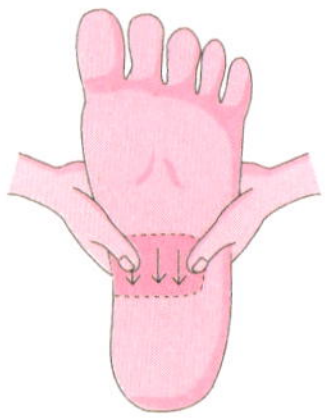

1. 用大拇指在足底中央的肾脏反射区涌泉穴上按 3 次，每次持续 4 秒钟。

2. 以对角线方向向下滑动并挤压输尿管反射区，重复 9 次。

3. 在脚踝内侧的膀胱反射区挤压 3 次，每次 4 秒钟。

4. 在膀胱反射区范围内靠近跟腱部位的尿道反射区上按摩，方法是用大拇指按照椭圆形的路线不断搓摩。

5. 用大拇指和食指一起按大脚趾上的大脑反射区，每次 4 秒钟，重复 4 ～ 5 次。

6. 用大拇指在足底的小肠反射区上按箭头方向滑动搓摩，重复 4 ～ 5 次。

针对消化不良

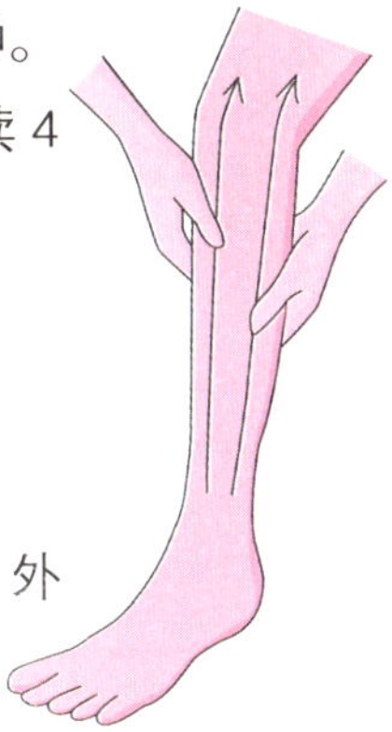

1. 在位于足底的涌泉穴上用大拇指按 3 次，每次持续 4 秒钟。

2. 在输尿管的反射部位用大拇指轻按 4 ～ 5 次，每次持续 4 秒钟。

3. 在脚踝内侧的膀胱反射区挤压 3 次，每次 4 秒钟。

4. 用大拇指在尿道的反射部位按摩 9 次以上。

5. 从涌泉穴开始向下推至小肠反射区，反复按摩。

6. 在脚腕到膝盖上 10 厘米的区域内按摩，通过挤按内侧、外侧和底侧而让足部的血液向上循环。

防止便秘

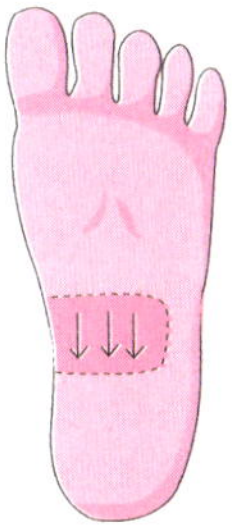

1. 在足底中央的基本反射区涌泉穴上用大拇指轻按 3 ～ 4 次。

2. 在位于涌泉穴对角线方向的输尿管反射部位用大拇指轻轻挤压 4 ～ 5 次，每次 4 秒钟。

3. 在膀胱反射部位用大拇指轻轻挤压 4 秒钟。

4. 在足底中央的小肠反射部位按照箭头所示方向向下轻捋，重复 4 ～ 5 次。

专家忠告：孕妈妈应注意避免压力

胎盘的健康状况影响宝宝的脑部发育

胎盘在维持怀孕正常进行方面起着不可替代的重要作用，这是因为孕妈妈和胎儿之间所有的交流都是通过胎盘进行的。对于在妈妈腹中的宝宝来说，胎盘就是其生命之源。血液自然不用说，胎儿必需的氧气、营养成分以及免疫物质的供给，都必须依靠胎盘才得以完成。

胎盘在怀孕过程中扮演了各种各样的角色，其中最重要的莫过于它能够分泌多种激素来调节宝宝的脑部发育。由于具有这样的作用，一些科学家把胎盘称作“宝宝的第三个脑”。而这里所指的第一个脑和第二个脑，则当然是指宝宝自身和孕妈妈的大脑了。

因此，如果想顺利地进行胎教，对胎盘进行恰当的调节和保护也就成为理所应当的事情。胎盘是在第 6 ～ 8 周期间开始发挥作用的，所以怀孕的第 3 个月无疑就成了进行“胎盘胎教”的黄金时期。

在第 8 周以前，让怀孕过程持续进行的是黄体酮，而第 8 周之后则改由胎盘来接替其发挥这样的作用。在怀孕的大部分时间里，制造并分泌各种激素，以及临时储存它们的任务都是由胎盘完成的。

减少孕妈妈的压力

当你受到一定压力时容易引起胎盘的血管收缩，从而降低通过胎盘输送到宝宝体内的血液量。你一定要当心可能会损伤胎盘功能的低氧环境，防止出现胎盘血管急剧收缩的情况，即减少自己所受的压力。

你应该采取各种办法来降低自己的压力。最好能把那些生气的、不愉快的事情连同其他烦恼一起全部忘掉，尽最大的努力来保持自己的心态平静。这正与传统胎教中欣赏优美的音乐并接触自然的声音相对应。此外，要想减轻压力给你带来的影响，你周围的人所起的作用也十分重要，其中准爸爸的作用是最突出的。

注意难以觉察到的胎动

怀孕的第三个月被称作“始胎”，在这一时期里胎儿和孕妈妈之间开始用脐带相连接，两者在身体上形成紧密的连接。因此按道理来说，在这个时候就可以开始真正意义上的胎教了。但是在许多父母看来，在明显感觉到胎动的第五个月再开始胎教才是比较合适的。实际上，宝宝发生实质性的胎动要早得多，的的确确是从怀孕的第三个月开始的。

怀孕的第三个月的中期是第 10 周和第 11 周，宝宝有可能在这段时间内发生自然的移动。进一步地说，胎儿是自己让身体发生移动的。如果以胎动当作开始正式胎教的基准，这一时间应当被提前到第三个月。其实，胎教开始得越早越好，专门等到哪一个特殊的日子再开始是毫无意义的。

扩展阅读：孕吐中的胎教学

孕吐是怀孕 5 ～ 12 周（第二和第三个月）里经常出现的现象，这种现象是极为正常的，一般认为其主要诱因是胎盘分泌的孕激素。

许多孕妈妈在经历孕吐之前就已经对其产生了恐惧心理。研究结果表明，能够坦然面对孕吐的孕妈妈更容易克服和适应那些不适。所以，你对孕吐过分紧张并给自己造成心理负担是没有必要的。

许多与孕吐相关的有趣研究表明，在对许多孕吐较为严重的孕妈妈调查之后，发现每一家都是最小的女儿出现这种情况的概率最高。这可能是因为她们在目睹自己的姐姐经历怀孕和孕吐的过程之后，心里自然而然地对此产生担心。

此外，那些从小听自己的母亲和祖母说“你妈怀你的那会儿不知道受了多少罪”的孕妈妈，也会因为对孕吐的误解和偏见而反应较为严重。调整好心态是一种应对孕吐的有效方法。“孕吐孕吐，你尽管过来吧，谢谢你让我的丈夫变得更体贴了”，如果你持有这种愉悦的心态，一定能够使孕吐的症状减轻到最低，保证自己轻松地度过孕吐期间的每一天。

别让自己空腹。孕吐期间经常空腹，再加上低血糖有可能让你感到恶心。选择清淡的、高蛋白、高热量食物，例如薄脆饼干或者酸乳酪。尽量避免辛辣的、高脂肪食物。如果刺鼻的气味让你想吐，试一下冷冻的或温和的食物——它们会比热的食物散发出更少的刺鼻气味。

吃点酸的东西。这是一种古老的、常用的抑制恶心的好方法，但通常可不必直接喝醋，话梅、李子、杏、酸橘子、酸橙子等一切可以让你感觉好一点的酸味食品都是很理想的选择。但注意一次不要吃太多，否则容易给肠胃造成负担。

第 13 ～ 16 周

进入孕中期后，胎儿比较稳定了，你不必像刚开始时那么担心了。此时要注意摄取多种营养成分，为胎儿发育提供充足的营养。此外，为了防止出现“胎儿窘迫”，你一定要注意保持良好心态，缓解压力。

孕妈妈的身体变化

第 13 周，肚脐下方 10 厘米左右，耻骨上方的下腹部，是子宫的位置。怀孕第 12 ～ 13 周期间，子宫占据了整个骨盆并开始进入腹部区域。你的脸上和颈部可能会出现褐色的斑点，乳房开始变大并产生了刺痛的感觉。乳晕的颜色发生变化，乳腺更加发达，静脉曲张也变得十分明显。

第 14 周，孕吐逐渐消失，怀孕进入了较为安定的阶段。穿较为宽松的衣服会让你感觉舒适。但是，出现了消化不良的症状，常常导致你胀气。

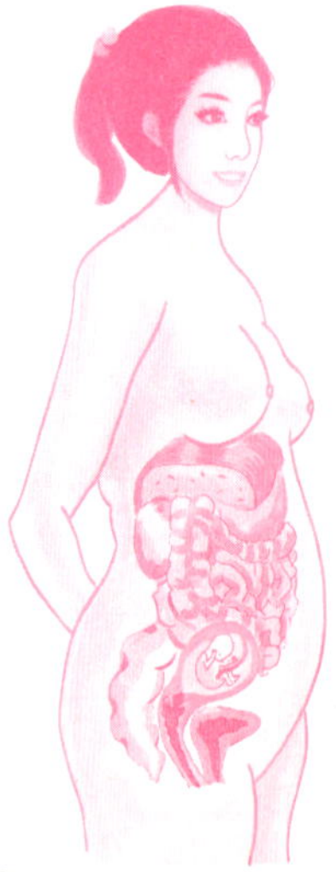

痔疮和牙龈炎也是这一时期容易出现的病症，因此应当选择富含纤维和水分的食物，并摄取足量的维生素 C。由于胸部变得丰满，应适当改换文胸的尺寸，以免给乳房带来不适感。

第 15 周，你隆起的腹部，让任何人都很快判断到你怀孕了。在肚脐下方 7.6 ～ 10 厘米的地方可以摸到子宫。子宫的变大会给腹部和胯部带来刺痛的感觉。此外毛细血管扩张和静脉曲张等现象会使皮肤呈现出红色，粉红色的乳晕不断加深，并逐渐变成褐色或赤褐色。

第16周，宝宝长大的同时，你体内的子宫和胎盘也在不断地生长。第6周之前子宫的重量只有140克，而现在已经增加到了250克左右。环绕在宝宝周围的羊水的体积也增加到了50～60毫升。

胎儿的成长

第13周，经历着急速生长的宝宝在此时从头顶到臀部已经达到了65～78毫米，体重为13～20克。耳朵逐渐移动到正常的部位，肺、胃、肝、胰等身体器官也到达了各自应在的位置，并向着能够完全发挥其功能的形态靠近。指纹、指甲、声带和乳牙的根也一个个长出来。

第14周，宝宝从头顶到臀部的距离是80～99毫米，整个身体达到了普通人的拳头大小，体重25克左右。其眼睛逐步从头部的两侧向脸部正前端进行位移，耳朵则从颈部移动到了头的两侧，颈部的长度继续增加。声带生长完成，生殖器持续发育，消化腺体也已经趋于完整。

第15周，宝宝从头顶到臀部的长度变为93～103毫米，体重差不多50克。骨骼开始变得坚硬，透过薄薄的皮肤可以看见血管，刚长出的汗毛覆盖了整个身躯。有时还能看到胎儿吮吸大拇指的可爱模样。腿部的长度超过了手臂。

第16周，宝宝头顶到臀部的距离是108～116毫米，体重大约为80克。宝宝开始握住自己的拳头并张开了小嘴，嘴唇开始活动，并且有时会做出吞咽的动作。还会吸吮自己的大拇指，头上会长出一些毳毛，肠胃开始制造出消化液，尿液也在肾脏里产生。接着手指长出了指甲，脐带附着在下腹部上，手臂开始移动。

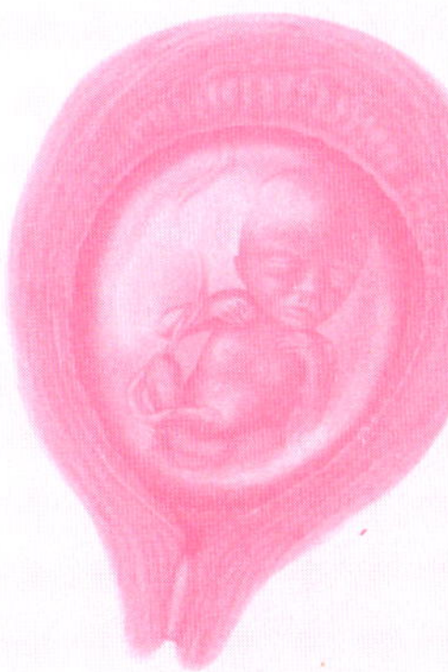

胎教备忘录

注意姿势——以同样的姿势长久站立会增加生出早产儿与低体重儿的概率，所以应避免久站。

预防肥胖——如果把孕吐当作借口而毫无节制地进食，就很有可能造成肥胖。肥胖会引起高血压和糖尿病。此外，饮食不要口味过重，比如过咸、过甜、加过多调味料或热量过高的食品，用餐的时候应尽量放慢进食速度。有规律地、适度地进行晨练、散步和游泳等运动会对你大有益处。

牙科诊疗——怀孕的 8 ~ 15 周期间不得照射 X 线，牙科诊疗也要等到 12 周以后再进行才比较安全。接受诊疗时一定要告知医生你怀孕的事实，千万不可以让其在为自己治疗的过程中采用全身麻醉的方法。

运动——直到怀孕的后期，相对而言较为安全的运动项目是游泳、散步、慢跑、保龄球和高尔夫。危险项目是骑自行车、骑马和滑雪等。

睡眠习惯——就寝时尽量保证侧卧入睡，并最好养成每天在同一时间入睡的习惯。睡觉时腹部要保暖，并尽量不要突然站起或坐下。从这时开始，每天应当在原有基础上再多摄入 1 255 千焦的热量。猪肉加 1 个萝卜，或者 1 杯酸奶加 1 个中等大小苹果的热量差不多是 1 255 千焦。

羊水检查——通过羊水检查能确认宝宝是否具有各种感染症、唐氏综合征、血液疾患和神经系统疾病等先天性缺陷。但是，做羊水检查有导致流产或早产的危险。

加餐——你可以每天加 3 ~ 4 次餐。加餐应该以新鲜的蔬菜沙拉和煮熟的鸡蛋、低脂肪奶酪等营养价值较高的食物为主，但要严格控制摄入量。

饮食胎教 ★★★★★

为胎儿提供充足的营养

怀孕第 13 ～ 16 周期间，孕妈妈的“手少阳经脉”控制着宝宝的生长。“手少阳经脉”是三焦经，三焦说的是上焦、中焦和下焦，它们分别控制着机体的营养物质循环和体液循环。在胎盘里出现的宝宝体内废物和二氧化碳的排泄等循环过程都是通过上焦和中焦的功能完成的。

另外，从母体子宫壁上循环的血液中吸收氧气、营养和免疫抗体的营养循环也是依靠中焦的功能来完成的。而下焦则控制着胎盘上的体液循环，让其自身分泌大量的激素以防止流产或早产。

由此而知，只有充分强化母体的三焦功能才能使胎盘、脐带和羊水起到相应的作用。举例而言，人参可以补足上焦的元气，鹌鹑和莲藕则对下焦大有益处。维生素 B_{15} 可以维持母体内氧气的利用率，使三焦的功能变得更加完善，这种物质在糙米、芝麻、南瓜子中含量很高。维生素 B_{17} 具有提高抗病能力，强化三焦经脉功能的功效。枇杷叶中含有大量的维生素 B_{17}，将枇杷叶煮熟后放凉，冲入糖汁后再服用则是一种不错的清凉饮料。

摄取多种营养成分

这一时期宜多吃富含优质蛋白的食品，特别是要多吃维生素 B_1 含量丰富的猪肉，以及含有大量 DHA 并对胎儿脑细胞的发育有所帮助的鳕鱼。

除此之外，补充矿物质、维生素 A、维生素 C 以及纤维质含量丰富的绿叶蔬菜、水果和薯类也是十分必要的，这对消除便秘及维持身体的酸碱平衡非常有好处。糙米、胚芽、糖分和油脂能有效地补充能量。同时搭配鳗鱼、韭菜、香菇、芝麻和番茄等食物，可以促进消化。

运动胎教 ★★★★★

随着胎儿的快速成长，你的腹部渐渐隆起，但还不笨重。在这一时期里以不勉强自己为前提，做一些运动还是很有好处的。

支撑子宫的腹部韧带在这一阶段常常会产生痛感，许多孕妈妈在翻身或移动整个身体时常常会感到疼痛。这种疼痛有时就像被锥子刺中一样疼痛。

由于孕妈妈骨盆中间的软骨发生软化，其耻骨的结合部位往往会出现问题并产生不适的感觉。这种情况还会因为在运动中突然改变方向或强度而变得更加严重，所以你一定要避免那些要经常转向或改变速度的运动项目。

拉伸背部

- 坐在地上，两腿向前完全伸直，脚腕向上弯曲。
- 做出拉自己脚尖的姿势。注意膝盖不能弯曲，背部不得弓成圆形，尽量向前伸展自己的手臂。

功效：可以松弛背部的肌肉，消除紧张的感觉。

伸展背部

- 双手扶住墙壁，努力让手臂和身体形成直角。用这种姿势按压自己的肩和背。

功效：可以强化背部肌肉并松弛肩部。

转动脊椎

- 将两腿向前完全伸直并分开，脚腕向上弯曲，挺直背部并保持此坐姿。转动身躯并做出向后看的姿势，在左右两个方向之间切换。

功效：可以松弛肋部肌肉。

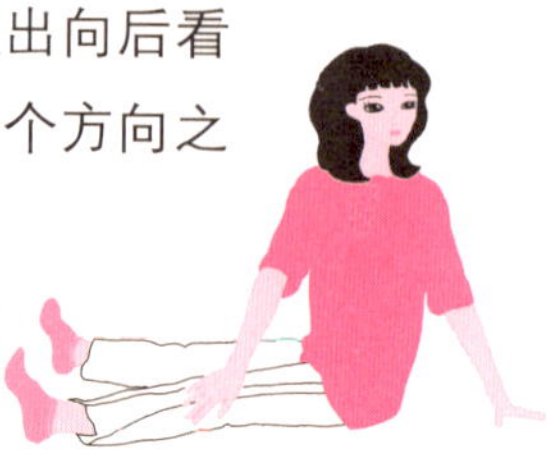

左右推动骨盆

两腿分开与肩同宽，保持站姿并稍稍弯曲膝盖。用力向右推骨盆，之后再用力向左推。

功效：可以锻炼骨盆部位的肌肉。

前后推动骨盆

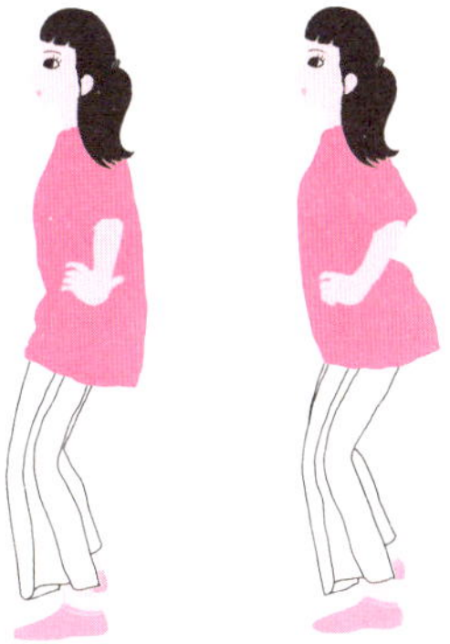

● 两腿分开与肩同宽，保持站姿并稍稍弯曲膝盖。

● 上身保持不动，用力向前推骨盆，之后再用力向后推。

功效：可以强化骨盆底部的肌肉。

按摩胎教 ★★★

针对口腔不适

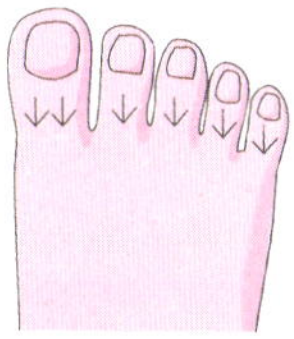

1. 在肾脏反射区涌泉穴上用大拇指轻按 3 ～ 4 次。
2. 在输尿管反射部位用大拇指轻按 4 ～ 5 次，每次 4 秒钟。
3. 在膀胱反射区用大拇指轻轻按压 4 秒钟。
4. 按照箭头所示方向滑动并向里推以按摩脚背。

针对痔疮

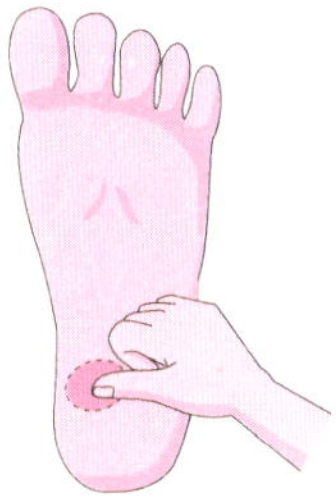

1. 用大拇指在涌泉穴上按 3 ～ 4 次，每次 4 秒钟。
2. 在脚后跟底面边缘位置的肛门反射区，用大拇指反复按 4 ～ 5 次，每次 4 秒钟。

针对乳房疼痛

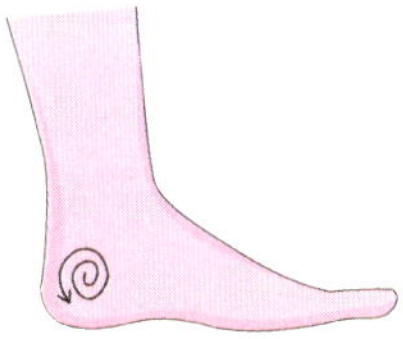

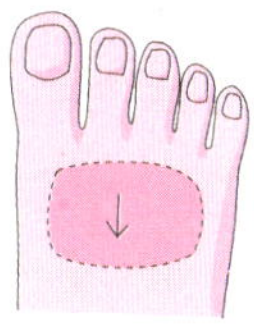

1. 用大拇指按涌泉穴 3 次，每次持续 4 秒钟。
2. 按脑垂体反射区 3 次，每次持续 4 秒钟。
3. 在内分泌系统反射区用大拇指按逆时针方向画圆，需做到从内向外揉搓并重复 2 ～ 3 次。
4. 用大拇指在足部的内外侧脚踝上按照逆时针方向画圆，重复 2 ～ 3 次。

5. 从内向外数第二个和第三个脚趾之间的脚背部分是胸部反射区，在此位置按照箭头所示方向搓摩，重复 4 ～ 5 次。

防止便秘

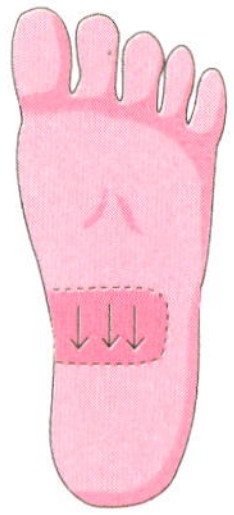

1. 在涌泉穴上用大拇指按 3 ～ 4 次，每次 4 秒钟。
2. 在输尿管反射部位上用大拇指轻按 4 ～ 5 次，每次 4 秒钟。
3. 用大拇指和食指在大脚趾上的大脑反射区按 4 秒钟以上，重复 4 ～ 5 次。
4. 在脚底的小肠反射区按照箭头方向滑动按摩，重复 4 ～ 5 次。

专家忠告：孕妈妈的心态对胎儿的智力有重要影响

是什么决定了胎儿的智商

在市场上销售的众多育儿类的书刊杂志中，指导怎样提高孩子智商 (IQ) 的内容备受青睐。那么，智商与胎教有什么样的联系呢?

在 20 世纪初，学者们普遍认为智商 80% 是遗传来的，然而最近学者们通过各种研究与实验得出了“就决定人类智商的因素而言，宫内环境比基因占据了更加重要的地位”这样的结果。

如何创造出良好的宫内环境呢? 答案自然是进行持续、充足的营养供给，维持平和的心态以及避免接触各种有害物质。这与传统胎教的理念是完全吻合的。概括而言就是要让孕妈妈保持好的心态并尽量远离不良的事物。尽管很多现代人看重的是早期教育和英才教育，祖先们却早已明白十月怀胎的历程才更重要这一事实了。

关于智商的研究结果不仅对孕妈妈自己，对其丈夫、亲戚、同事等所有周围人的启示也都是相当巨大的。它使智商在人们心目中的地位完成了从“因为来自遗传，所以无法改变”到“通过努力就可以争取”的转变。

精神压力会影响胎儿的脑部发育

精神压力会给你和胎儿带来什么样的影响呢？我们都知道接触烟酒会给你和胎儿带来极为不良的影响，这是因为它们会使你血液当中的酒精或尼古丁等有害物质的含量上升。事实上，精神压力过大会比烟酒造成的危害更大。

精神压力过大有可能减少胎儿的脑部体积。压力会使胎儿大脑细胞分化受到阻碍，对胎儿正在朝向完全状态发育的脑部直接造成恶劣的影响，会给胎儿大脑组织的发育造成困难，还有可能导致宝宝日后出现一定的精神障碍。

有一部分学者还提出了“长期经受压力困扰的孕妈妈所生下的宝宝可能带有脑部 DHA 含量不足的缺陷”这样的观点。

扩展阅读：压力与“胎儿窘迫”

即使是一般人，压力也会给身体带来各种各样的变化，比如在受到刺激或碰见伤心的事情时，许多人都曾有过颈背发酸、头痛或心悸的经历。

事实上，以上这些大多是由于身体各部位血管收缩，导致血压上升，呼吸次数增加且体温升高而引起的。

如果你在较长时间内持续地受到压力，就会逐渐变成酸性体质，这会使所有接受血液供给的组织受到影响，对胎儿的影响将会是致命的，胎儿会出现被称作“胎儿窘迫”的症状。所以你一定要记得保持愉快的心情。

第 17 ～ 20 周

孕期第 5 个月，孕吐基本停止，你会感觉胃口大开，此时也是胎儿骨骼及脑部发育的重要时期，你要适当多摄取能够促进胎儿骨骼及脑部发育的食物。胎儿的状况稳定后，你就可以进行游泳胎教，在水中你会比较放松。

孕妈妈的身体变化

第 17 周，你的下腹部开始迅速隆起，此时穿孕妇装会很舒适，体重增加 2.5 ～ 4.5 千克是很正常的。尽管怀孕期间会出现不同程度的色素沉着，但这些大多会在宝宝出生以后自动消失，所以没有必要为此过于担心。

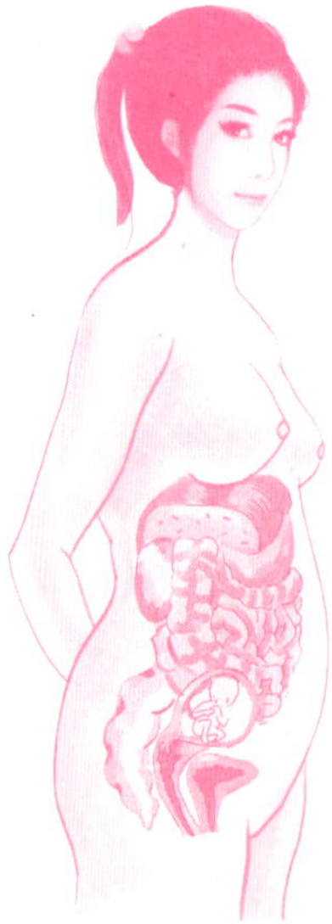

第 18 周，你的体重可能已经增加了 4.5 ～ 5.8 千克。如果体重增加过多或过快，则要引起注意。有些孕妈妈的皮肤和发质会有明显的改善，但会出现腰痛现象，激素的变化还可能导致肩部疼痛。子宫继续变大会给骨盆附近的关节造成影响。

第 19 周，抚摸肚脐下方 1.3 厘米的地方可以感觉到子宫的存在。你的体重已增加了 3.6 ～ 6.3 千克，其中胎儿重 200 克左右，胎盘重约 170 克，羊水和子宫各重约 320 克。你的臀部和肋部变得丰满，乳房的重量约达到 180 克。最好每隔 4 ～ 5 周就到医院检查乳房是否存在异常情况。

第20周，子宫继续长大，并且几乎到达了肚脐的位置。通过B超检查可以确定是否怀有双胞胎。色素沉着可能变得更加明显，但让人放心的是这种现象会在生产之后逐渐恢复正常。在进入孕中期的时候，有些孕妈妈乳房开始分泌淡色的乳汁。

胎儿的成长

第17周，胎儿从头顶到臀部的距离是11～12厘米，体重则在过去的2周中增加了1倍，变成100克左右。从这一时期起胎儿的生长速度逐渐变慢，身上出现了褐色的皮下脂肪，脊椎的神经纤维也逐渐被白色的脂肪包围，听觉器官也在此时逐渐进入发育状态。

第18周，胎儿头顶到臀部的距离变成了12.5～14厘米，体重增加到150克，通过X线可以清晰地看到宝宝的骨骼轮廓。心脏开始收缩活动，循环系统也进入了发育的状态，并最终与母体的循环系统完全分离。通过B超检查可以发现胎儿的心脏是否存在异常。

第19周，胎儿从头顶到臀部的距离变为12～15厘米，体重达到了200克。从此时起到出生为止，宝宝的体重还会增加约1.5倍。这段时期内，胎儿会有蹬踢的动作，不仅手臂开始移动，手指和脚趾也开始运动，脑部与脊髓继续生长。此外，与身体的其他部位相比，腿部的发育幅度最为明显，宝宝的骨骼此刻则暂时停留在由软骨组织构成的初始阶段上。

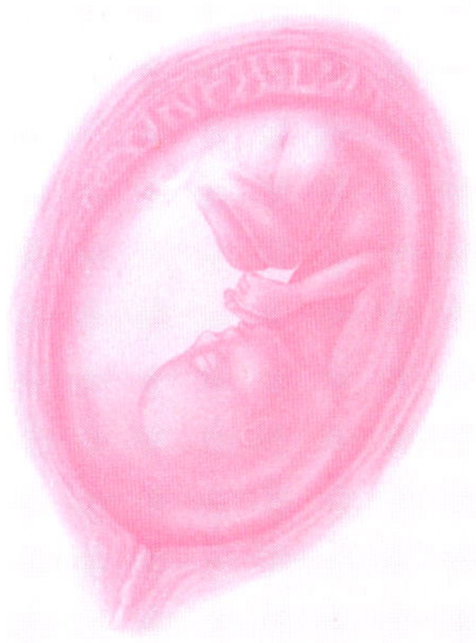

第20周，胎儿头顶到臀部的距离是14～16厘米，体重变为260千克。胎儿的手心和脚底上出现了纹路，眼皮上还长出了细细的睫毛。胎脂开始生成，起着保护宝宝皮肤的作用。

胎教备忘录

保证营养——孕早期要合理补充营养，尽量少摄入脂肪含量高的食物，而应充分摄入新鲜蔬菜、水果、粗粮和干豆等食品。

检查分泌物——记住只穿纯棉内衣，以防止阴道感染，如果出现黄色或淡青色分泌物时，你一定要去医院检查。

预防膀胱炎——怀孕期间患膀胱炎则有可能导致早产或生出低体重儿，所以你一定要改掉憋尿的不良习惯。

补充铁——你每天都要保证摄取30毫克左右的铁，可以通过食用橙汁、肉类、鸡蛋和蔬菜来实现这一目标。其中鸡肉、牛肉、动物肝脏、菠菜和甘蓝的铁含量最为丰富。如果再和含丰富维生素C的食品一起食用，可以最大限度地增加吸收率和利用率。

补充水分——你原有的各种过敏反应可能加重，此时摄取大量的水分可以有效地缓解过敏症状。

注意健康——你应随时观察自己是否出现水肿、阴道出血、头痛、高热或畏寒等症状，此外还应特别注意避免受伤或出现交通事故等情况。

性生活——在保证夫妻之间进行充分交流的前提下可以继续进行性生活，也就是说没有必要因为担心会对宝宝产生影响就无条件地采取回避的态度。但是，在性生活之后假如你出现子宫收缩或出血等不良反应，应立即前往医院。

流产——尽管进入了怀孕中期，但仍有可能发生流产现象。看到粉红色或褐色的分泌物时应立刻意识到这是一种危险的信号，最好前往医院。

饮食胎教

★★★★★

促进肌肉和骨骼发育的食品

怀孕 17 ～ 20 周期间母体的“足太阴经脉”掌控着胎儿的生长。足太阴经脉与脾脏紧密相关。因此，你只要加强脾脏功能就会对胎儿的肌腱、骨骼、四肢和头发的生长有所帮助。你可以蘸着调料食用一种叫做苍术的中药草，也可以煮苍术茶来服用。柳橙的外皮与大枣对脾脏有很好的补养作用。大枣不仅可以泡茶饮用，还可以煮熟以后单取枣肉，随时服用。柿干具有强化脾脏功能的作用。可以将柿干泡在牛奶中浇上蜂蜜服用。除此之外，汤、小米、糯米、扁豆、牛肉、鲫鱼和冬苋菜也有此功效。

益于宝宝脑部发育的食品

由于胎儿的大脑在这一时期快速发育，所以选择对其脑部发育起到帮助作用的食品尤为重要。

第一，以海带为代表的碘类含量较高的海藻类食品，以牡蛎为代表的各种贝类食品。

第二，硒也非常重要。黄油、鱼、大蒜、贝类、小麦胚芽和苹果酸当中都含有大量这种物质。在享用以上食物时适量一起吃富含维生素 E 的芝麻、葵花子和扁桃等食品，可以提高硒元素的吸收率。

第三，摄取大量的维生素 B_1。酵母、小麦胚芽、海藻类及大豆富含维生素 B_1。

第四，铁也显得格外重要。海苔、木耳、绿茶、竹笋、芝麻中都含有大量的铁。

第五，钙也是必需成分之一，它可以使骨骼变得更加结实。螃蟹、干虾、沙丁鱼与奶酪都含有大量的钙。

第六，钾也值得重视。食用晒干的海带可以补充大量的钾。鹿尾菜、干萝卜片以及干香菇中也含有大量的钾。

运动胎教

这一时期，宝宝已经具有相当的重量，平躺状态下所做的运动最好不要持续很长时间，因为平躺姿势会影响血液的正常流动。

平躺着进行的动作还会给静脉造成压力，从而可导致低血压，还可能会引起眩晕症或排尿量增加等后果。所以从现在开始你要尽量避免采用平躺姿势进行任何的活动。

扭动背部

- 俯卧，并用双手撑住地面，然后尽量提起自己的上半身。在扭动上身的同时回头看自己的脚后跟。

功效：可以放松背部两侧的肌肉。

抬起双脚画圆

- 两手向后扶住地面，双腿并在一起尽量上举。
- 两腿同时在空中画圆。

功效：可以强化腹部肌肉。

抬起脚后跟

- 伸展双臂，抬头挺胸，尽力抬起脚后跟，持续一会儿以后再放下。

功效：可以增加腿部力量，并有助于掌握身体的重心。

胸部运动

- 两臂各弯曲成直角并分开到身体两侧，上臂与地面保持垂直。
- 吸气之后用嘴呼气，同时两臂向前并拢，接着再继续做分开、并拢的动作。

功效：可以锻炼胸部和背部的肌肉。

转动手臂

● 以放松的姿态站立，两臂抬至与肩同高，掌心向外，向手臂上注入全身的力量。

● 随后用手臂带动肩部从前向后转动，然后再改至从后向前。

功效：起到强化肩部和臂部肌肉的功效。

前后分脚半跪

● 一只脚迈向前方，同时抓住椅子或桌子保持站立的姿势。

● 接着渐渐将两膝弯成直角，身体半跪下来。然后改换另一只脚迈向前方再重复半跪的动作。

功效：增强腿部肌肉的力量。

按摩胎教

针对肩背疼痛

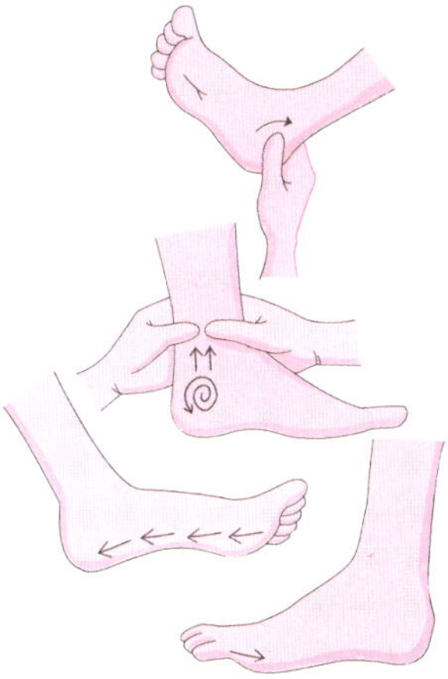

1. 先在涌泉穴上按 3 次，每次 4 秒钟，然后向下滑动，按压输尿管反射区，重复 9 次。

2. 按压脚踝内侧的膀胱反射区 3 次，每次 4 秒钟。

3. 在膀胱反射区和靠近跟腱方向的尿道反射区之间，照椭圆形的弧线扫过，达到按摩的作用。

4. 从脚腕开始一直到膝盖上 10 厘米，按摩内侧、外侧和后侧。

5. 在脚底内侧再稍微靠上一点的部分是能够对背部起到反射作用的中足骨。在这一反射区按照从脚趾到脚后跟的方向滑动并按压，重复 9 次。

6. 脚上与肩部相对应的反射区是小脚趾的侧面部分。在这一部位按照从脚趾到脚跟的方向滑动着进行按摩，重复 9 次。

7. 小脚趾和大脚趾下端之间的脚底部分是对应背部和肩部的反射区域。在此部位按照从小脚趾到大脚趾的方向进行 9 次以上的按摩。

针对腰部疼痛

1. 在肾脏反射区涌泉穴上用大拇指轻按 3 ~ 4 次。

2. 接着在输尿管反射区上用大拇指轻按 4 ~ 5 次，每次 4 秒。

3. 用大拇指在膀胱反射区上轻轻按压 4 秒钟。

4. 用大拇指在尿道反射区上滑动揉搓 9 次以上。

5. 在脚的内侧面从大脚趾往下依次是颈椎、胸椎、腰椎和尾骨这几个脊椎部分的反射区，用大拇指在这一区域滑动按摩 4 ~ 5 次即可。

针对头痛

1. 在位于脚底中央的肾脏反射区涌泉穴上按 3 次，每次 4 秒钟。

2. 用大拇指来回移动并在每一个脚趾靠近顶端的凹陷处各按 2 ~ 3 次，每次持续 4 秒钟。

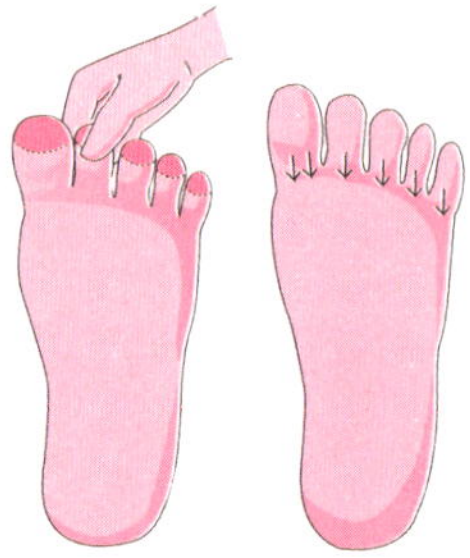

3. 如果出现头痛并感到颈部僵硬时，就找到大脚趾和脚底连接的凸起部分，并在这一区域的中央位置从上向下捋，重复 9 次左右。

游泳胎教

孕妈妈游泳的好处

可以使胎儿平静下来

你的体内有许多肌肉承载着沉重的子宫，在水里游泳时，可以极大减轻这些肌肉的负担。此时胎儿也像进入了游泳的状态，在子宫里漂了起来。因为当你用双脚站立在地面上时，为了支撑身体而自然地对子宫产生附加的作用力。

当你游泳时，子宫会进入一种放松的状态，而宫内的胎儿也就能跟着变换到较为舒适的姿势。进入水中以后，你身体的自由度会明显增加，能够在泳池里随意地做出跳跃和奔跑的动作。

有益于胎儿的脑部发育

在孕期进行适量运动，可以帮助你生下既聪明又健康的宝宝。游泳可以使你吸入更多的氧气，从而对宝宝脑部的活性化过程产生帮助。

有些人可能觉得对胎儿来说，孕妈妈大幅度的游泳运动会为其带来不好的影响，实际上这种担心是不必要的，在游泳时只要你注意控制活动的时间和强度，游泳就会对胎儿产生积极的影响。

可以缓解腰部疼痛和双腿水肿

你的体重在怀孕期间至少会增加 10 千克，有时甚至能达到 20 千克以上，这种变化无疑会给肌肉和关节带来更重的负担。在此情况下，你即使仅仅走两步路都可能明显地感受到自己的脚腕或膝盖疼痛。

游泳对缓解这种疼痛比其他运动项目效果更好。当你在水中活动时，浮力会让你感到身体轻盈，从而减轻了脚腕和膝盖等部位的肌肉与关节的负担，不仅如此，腿部浮肿及腰部疼痛等症状也可以得到明显的缓解。

可以提高顺产概率

游泳可以帮助你放松子宫、锻炼肌肉、强化心肺功能，这些都会提高顺产的概率。许多孕妈妈都在学习拉梅兹呼吸法，而游泳正好可以让你更加熟练地运用呼吸法。

孕妈妈游泳时应注意什么

游泳之前应先咨询医生

你应在咨询医生的建议后确定游泳的时间安排。当医生作出你和胎儿都没有异常情况的诊断时，就可以开始游泳了。

一般情况下，你应该在子宫进入安定状态的怀孕 16 周以后开始游泳。但是由于个体之间存在差异，即使怀孕的时间已经超过了 16 周，如医生觉得还不适合游泳，你开始游泳的时间就应该向后推迟。

在决定游泳的结束日期时，你也同样应该尊重医生的建议。大体上说应该在生产前 4 周，即怀孕第 9 个月停止游泳。

游泳之前应先确定身体无异常症状

在游泳之前你应进行细致的检查，以确定身体是否有异常的状况。

在腹部有鼓胀或紧张的感觉、阴道流血、腹泻、发烧以及感到疲倦的情况下，你都不应进行任何的水中活动。

当出现阴道分泌物比平时明显增多、瘙痒等异常状况时，孕妈妈一定要咨询医生的建议后再游泳。

选取最恰当的时期

游泳的最佳时段是上午 10 点到下午 2 点，因为在这一段时间里子宫偶尔才会收缩1次。你每周最好游泳2～3次，在水中若是有腹部绷紧或身体疲惫的感觉，就要立刻进行充分的休息。

游泳时的注意事项

应将时间控制在一小时以内

对你来说，游泳过程大致可分为准备活动、正式运动和整理运动这几个阶段。在 1 小时的时间内按照顺序进行上述几项活动就不会给身体带来过重的负担，此外，以前不会游泳的人还可以酌情减少游泳的时间。

要记住，你游泳并不是为了提高自己的游泳水平，游泳最大的好处在于水的浮力可以减轻隆起的腹部所带来的负担，这样，不管是谁都可以轻松地进行较为自由的活动与锻炼。

做好准备运动

你在下水之前一定要记得用温暖的水淋浴，这样可以使自己的身体放松下来，然后做 5 ～ 10 分钟的准备活动，最好再摆动起自己的手臂做一些基础体操动作。

若身体已经准备就绪，你就可以下水进行缓慢的起身练习了。在此过程中应重复向两侧分腿和弯曲膝盖的动作。

此时你还可以同时“呼、哈、呼、哈”地做一些能够帮助分娩的呼吸法练习。下水之后最好用自由行走或轻轻跳跃的方法使自己的脉搏渐渐地加快起来。

在水中进行正式运动

你应当进行肌肉锻炼，以及伸展运动和保持平衡等可以缓解肌肉紧张状态的活动。即使你会游泳，也可以抓住泳道线，在左右浮动的同时进行踢腿练习。练习过程中感到呼吸急促时可以稍停片刻，等呼吸变得均匀一些再重新开始。

以伸展运动和深呼吸结束游泳活动

游泳的最后阶段是进行整理运动，这样可以使运动时加快的脉搏重新减缓下来。

在锻炼前后一定要进行准备运动和整理运动，这一点对你尤为重要。做整理运动时应该伸展胳膊、肩膀和跟腱，从水中出来以后则可以做一套简单的体操为整个锻炼过程画上完整的句号。

幸福妈妈经验分享

我第二次怀孕时，身体变得特别重，生活也变得十分吃力。怀孕16周时，腹部就隆起得特别明显，甚至让我有一种喘不过气来的感觉。当时我就想：这样下去可不行。那会儿恰巧得知游泳对孕妈妈很有好处，于是在不抱太大希望的情况下，我开始了自己的游泳历程。

由于我家周围没有专门为孕妈妈开设的游泳班，所以我就报名参加了普通的游泳培训班，还从网上订购了一套孕妈妈专用的泳衣。这种泳衣为腹部隆起的部分预留了足够的空间，而且样式十分漂亮。

学游泳的第一天里我只是在水里简单地走了一圈，不过仅仅是这样也给自己带来了很大的喜悦和快感。好像千斤重的身体突然变得十分轻盈，让我几乎忘记了自己是一个孕妈妈。尽管在一开始游泳的时候我有些担心，但很快我的担心就被满足的感觉取代了。

教练和身边一起学习游泳的女性都对我十分照顾，这使我的游泳经历变得非常愉快。我一直游到第28周才停下来，这主要是考虑到腹部越来越明显，不应该再给身体增添任何的负担。

在游泳的那段日子里，我的腰部和膝部疼痛明显减轻了，呼吸也变得更加自然起来，最后我顺利地产下了自己的第二个宝宝。

保健胎教

孕妈妈应避免从事的工作

重体力和高强度劳动

重体力劳动和长时间不能休息的流水线作业等会消耗很多热量，增加心脏的负担，影响胎儿的生长发育，甚至造成流产、早产等。

长时间站立的工作

长时间地站立不利于血液循环，会使你下

肢水肿现象加重，在尿频期间会常常因为憋尿而引发泌尿系统炎症等。

频繁弯腰、下蹲或攀高的工作

长时间蹲位或弯腰会压迫腹部，引起流产、早产、下肢水肿等。

接触动物的工作

动物身上致病微生物可能会感染你，给胎儿的健康发育带来不良后果。

高温、振动、高噪声工作

工作环境温度过高，或振动甚剧，或噪声过大，均可影响胎儿各个器官的生长发育，造成不良影响。

高空、野外等危险作业

这些工作发生意外的概率太高，不但对你和胎儿的生命造成威胁，也会让你的心理压力很大。

有毒和放射性作业

这些有毒物质有致畸、致癌等作用，会严重危害你和胎儿的健康。

接触病毒的工作

如果你是医务人员，在为患者清理伤口、动手术时应做好自我防护，避免出现被感染的情况，进而影响胎儿的发育。

孕期的头发护理

日常护理

怀孕时，你应该常洗头发，梳理头发，以保持清洁，促进头皮的血液循环。洗发时要认真按摩头皮，用木梳或牛角梳梳理头发，既可使头发有光泽，又可促进新陈代谢。洗头发最好使用天然洗发液。

头发变白是由于黑色素缺少，往往与遗传因素有关。中医认为头发变白是精血不足、营养不良引起，应该常吃一些含锌、铁及维生素多的食品。为了均衡营养，鱼类、肉类、蛋类、豆制品、水果、蔬菜、牛奶等都要适量摄取。

中医学认为“多怒则百脉不定，鬓发焦枯”，所以头发的健康与心境有很大的关系。保持一个好的心境才会秀发乌黑亮泽。另外，睡眠也影响着人的情绪，睡眠充足、有节制的性生活对头发的养护也很重要。

改变发型，也可转换心情。留短发，洗头和梳理都方便。如果想留长发，也不要太长，太长了不容易梳理。从孕晚期到产褥期，最好是将长发剪成短发。

避免烫发、染发

由于每个人对于烫发液、染发剂等化学物质的反应不一样，所以在怀孕期间最好避免烫发或染发，免得过敏引起斑疹。尤其是在孕早期及晚期，更应该尽量避免。因为染发和烫发时所用的一些化学药剂会直接作用到头皮上，肯定会有少部分的化学物质进入血液里。

总之，无论是到理发店还是在家做头发护理，都最好询问一下保健医生，听取其对化学药剂的观点，这对你做决定是有帮助的。去理发店时，也要告诉理发师自己怀孕了。

孕妈妈洗脸的技巧

怀孕期间，你应早晚各洗一次脸，使用平时常用的洁面乳，揉出泡沫来，仔细地洗，洗净后，搽上护肤品。夏天特别容易出汗，可增加洗脸的次数。这样不仅可去掉油垢，使面部清爽，还可使心情愉快。

洗脸水不宜太凉，水温最好在34℃左右，与体温相接近，这种水很容易透过细胞膜，溶解皮脂，开放汗腺管口使废物排出，并且有利于皮肤吸收，使面部细腻有光泽。

每天洗脸时还可进行脸部按摩，这样，既可加快皮肤的血液循环，增进皮肤的新陈代谢，又能预防皮肤病，使皮肤细嫩。如果你在怀孕以前一直坚持按摩，现在应该做得更勤；如果以前没有做过，可以从知道自己怀孕的时候起，每天坚持做。

孕妈妈忌用的化妆品

以前使用习惯的护肤品，在怀孕之后，你仍然可以继续使用。尤其是一些基本的化妆品及保养品，最好不要任意改变。注意选用安全性强、透气性好、油性小、品质优良的护肤品，如不含酒精、合成香料和色素量少的产品。另外，护肤品的防晒指数不要过高，每次使用润肤品不要过多、过厚，千万不要浓妆艳抹，这样不利于排汗和皮肤的代谢。由于怀孕期间，你的脸部比较没有光泽，化妆时应强调明快、清爽的感觉。

口红

口红由各种油脂、蜡质、颜料和香料等成分组成。其中油脂通常采用羊毛脂，羊毛脂不仅会吸附空气中各种对人体有害的重金属微量元素，还可能吸附大肠杆菌，随着唾液侵入体内，继而使你腹中的宝宝受害。鉴于此，你最好不要涂口红，尤其是不要长期涂口红。

指甲油

指甲油含有一种名叫酞酸酯的物质，容易导致你流产或者生出畸形儿。

其实，你在怀孕期间与其使用化妆品来装扮自己，还不如一切都讲求自然清爽，这样会感觉更好。

专家忠告：给胎儿一个良好的成长环境

给予胎儿良好的感官刺激

人类都具有五感，即视觉、听觉、嗅觉、味觉和触觉，胎儿也同样具有这五种感觉。到了孕期的6个月之后，随着感觉器官的不断发育，胎儿才终于完整地获得这五种感知能力。胎儿的这五种感知能力在性质上是有差异的，视觉、听觉、嗅觉和味觉是直接的，而通过母体发挥作用的触觉则是比较间接的。

已经有多项研究结果表明，宝宝在母亲腹内可以听见准爸爸、孕妈妈的说话声。实际上在整个孕期，这种说话声就是对宝宝具有最大引导作用的声音。因此，你和准爸爸在轻声阅读书籍或温柔交谈时，一定要记住这些声音时时刻刻都会被宝宝听到。

避开嘈杂的环境

宝宝时刻处在孕妈妈体内自然产生的各种杂音中，这些杂音包括孕妈妈的心跳声、肠道蠕动的声音等。你只要想想在饥肠辘辘时肚子发出的那些奇怪响声，就能够体会到宝宝得经受多么大的噪声困扰了。

在受到内部和外部噪声同时影响的情况下，无论你们的声音多么悦耳动听或充满爱意，这种信息都无法正常地传达给宝宝。所以说，要想将你或是准爸爸的说话声完整地传达给宝宝，就一定要选择安静的环境。

在针对噪声的各种研究当中，有一项成果表明，嘈杂的环境会减缓胎儿呼吸功能的发育。

避免胎儿的听觉受到过大压力

有一项意外的研究结果称：胎儿在受到较大的声音刺激时，可能会作出吞咽羊水的反应。对于胎儿而言羊水是一种非常重要的物质，胎儿把它吞入腹中就会造成子宫内羊水量的减少，而且如此消耗掉的那部分羊水是无法再生的。羊水含量的减少意味着保护胎儿不受外界影响的屏障变得更加单薄，这样就形成了一个易对胎儿造成危害的恶性循环。听觉上的过大压力会导致羊水量减少从而妨碍胎儿的正常发育，这无疑是一种非常致命的后果。所以，你最需要做的就是身处尽可能安静的环境当中并保持和他人用低音量进行对话。这一点不仅你自身应当牢记，还应该让你的丈夫、同事等周边人也都加以了解，只有这样才能得到他们实质性的帮助。

扩展阅读：为什么非要听莫扎特的音乐

对于胎儿来说最美妙的声音就是来自母亲的声音。在孕期里应该多创造一些让宝宝听见母亲温柔话语的机会。除此之外，能和母亲的声音相媲美的就属音乐了。正因为如此，许多孕妈妈都把积极地学习和欣赏各种音乐当作头等大事来做。

那么，什么样的音乐才是最合适的呢？面对这个问题，有许多人都会说出“莫扎特”这个答案。研究结果表明，莫扎特的音乐不仅能提高人的智能，还会对人的情绪产生积极的影响。以一批学生为例，在播放莫扎特的音乐之后进行智商检测，就可以发现他们的智商发生了变化。

想知道其中的真正原因吗？学者们经过分析，发现莫扎特的音乐与孕妈妈心脏跳动声的频率惊人地相似，在节奏上都是 3/4 拍的。在此基础上还有一种说法认为胎儿会配合莫扎特的音乐作出点头的反应，但这还没有得到广泛的认可。

总之，怀着喜悦和期待的心情去欣赏莫扎特大师创作的美妙旋律绝对是一件有益无害的事情。无论是出于自己本身的爱好还是特意为了进行胎教，就让莫扎特的音乐一直陪伴你度过孕期吧。

第 21 ～ 24 周

在这一时期，你的肚子明显变圆了，可以穿上之前准备好的孕妇装，出去“show”一下啦！这一时期胎儿的视觉已经比较发达了，所以你要尽量避免强光照射腹部。胎谈胎教也可以开始了，胎儿最喜欢听到准爸爸的声音啦！

孕妈妈的身体变化

第 21 周，在肚脐上方 1 厘米的地方可以摸到子宫。你的体重会比孕前增加 4.5 ～ 6.3 千克，腰身明显变粗，乳腺开始分泌乳汁，这时最好不要用面巾纸去擦拭和挤压乳头，以免造成不良的刺激。怀孕 6 个月左右的时候，某些孕妈妈会出现忧郁症，这种症状可能会持续到分娩之后，应积极进行早期的预防和治疗。

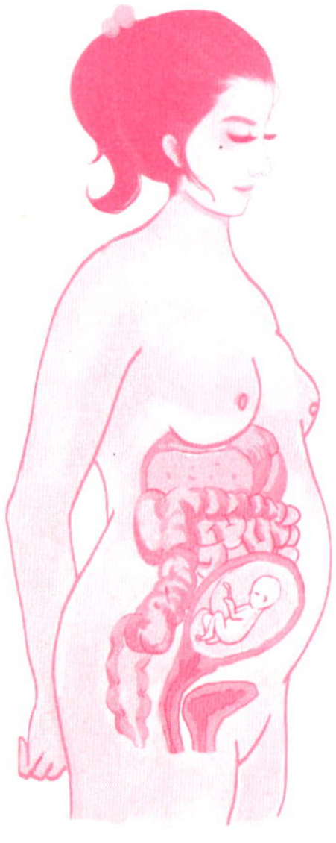

第 22 周，你进入了较为平稳的状态，孕吐症状几乎完全消失，胃口也逐渐恢复。身上可能会突然长出痣来，或者原来的痣体积增大或颜色加深。此外乳房继续变大，腹部可能出现很显眼的妊娠纹。

第 23 周，你的腹部明显变圆，体重会比孕前增加 5.5 ～ 6.8 千克，臀部、面部和手臂变得圆润，胸部也渐渐丰满，需要戴专为孕妈妈设计的文胸。

第 24 周，子宫底的高度到达了肚脐上方 3.5 ～ 5 厘米的位置，由于身体里含水较多，所以面部看起来有些水肿。乳晕更加明显。激素变化常常引起鼻塞和流鼻血等。如果出现这些症状，最好在室内放置加湿器并服用适量的维生素，可起到预防的作用。

胎儿的成长

第21周，胎儿的体重约300克，从头顶到臀部的长度是18厘米左右。消化系统逐渐发挥作用，小肠进入到放松和收缩的反复运动状态当中。宝宝开始有吞咽羊水的举动，从某一角度讲，这也是一种补充营养的过程。

第22周，胎儿不断成长，体重约为350克，从头顶到臀部的长度是19厘米左右。胎儿的眼皮和睫毛开始发育，但是虹膜（眼中的有色部分）仍缺乏颜色，眉毛和眼睑已经清晰可辨。手指甲也长了出来。宝宝的嘴唇越来越清晰，小牙尖也出现在牙龈内，显露出长牙的最初迹象。

第23周，胎儿的体重差不多是455克，从头顶到臀部的长度约20厘米。听觉不断发育，嘴唇也变得更加分明并逐渐丰满圆润起来，面部越来越接近新生儿出生时的模样。胎儿的皮肤上有许多皱纹，覆盖全身的汗毛颜色变得更深了。

第24周，胎儿的体重约540克，从头顶到臀部的长度为21厘米左右，头部显得较大。这时候的宝宝皮肤薄而且有很多的小皱纹，浑身覆盖了细小的胎毛。虽然体重增加了不少，但是宝宝还是显得很瘦，不过他的身体在协调生长，很快会增加更多的脂肪。宝宝的皮肤薄薄的、皱皱的，是半透明的，他的大脑发育得非常快，味蕾现在可能也在发挥作用了。

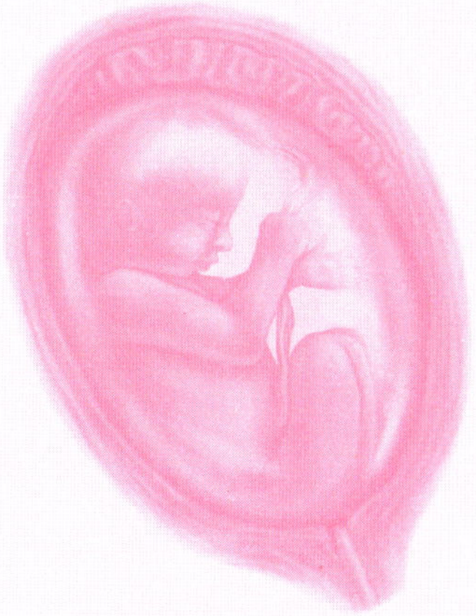

胎教备忘录

静脉瘤——对于高龄或站立工作的孕妈妈来说，静脉瘤症状可能会比较严重。穿低跟或平底的鞋，做抬腿的动作或者接受按摩都可以解除腿部的疲劳感觉。

食欲——由于消化器官受到激素的影响，你对食物的喜好与平时相比可能会有较大的变化。此时无论食量增加还是减少都是正常现象，没有必要为此感到忧虑。

贫血——铁的缺乏会导致贫血，因此你要积极地摄取含铁丰富的食物，还应记得每天喝足够的水。充足的水分可以帮助营养吸收并促进新细胞的生成，还可以有效地缓解头痛、子宫痉挛和膀胱炎等症状。饮用牛奶、蔬菜汁、果汁也是保证水分供给的有效办法。

乳房按摩——应从此时期开始养成按摩乳房的习惯，在洗澡之后、上床以前轻轻地进行适当的按摩可以取得最佳功效。

限制盐的摄取量——过多摄取盐分会使身体发生水肿，所以应当将每日盐分的摄取量控制在5克以下。膨化食品和快餐食品中都含有大量的盐，你最好少吃。

避免过度疲劳——工作过量、长途旅行或是剧烈运动都会给身体带来无法承受的负担，一定要注意不可过度疲劳。

运动——有规律的运动可以使你为应对整个分娩过程以及阵痛做好准备。如果你曾做过人工流产手术，那就很容易出现宫颈口松弛现象，这有可能成为流产的诱因，因此一定要多加注意。

保持均衡的饮食——充分摄取叶酸以预防贫血的发生。食用充足的水果、豆类、绿叶蔬菜和粗粮以达到均衡饮食的目的。在外用餐时尽量从稳妥的角度出发，点一些平时在家里常吃的东西。要尽量选择低脂肪类的食物，并最大限度地减少吃快餐食品。

饮食胎教

选择强化肠胃功能的饮食

在怀孕的第 21 ～ 24 周期间，母体的“足阳明经脉”控制着胎儿的生长，这条经脉所对应的器官是胃。如果能够强化母体的肠胃功能，就可以促进胎儿的筋骨形成和骨髓造血。能够起到强化肠胃功能作用的食物有葛根、人参、生姜、糯米、牛百叶、羊肉、母鸡、鲫鱼、梭鱼、黄花鱼、橘子、大枣、柿饼和韭菜等。

你应坚持摄取牛奶、乳制品、肉类、鱼类、豆类，以保证优质蛋白的供应；还要选择含丰富铁质和维生素 B_1、维生素 B_2 的食物，并同时注重补充维生素 A、矿物质和纤维素等其他营养成分；应摄入足量的糖分和脂类以不断地获取必需的能量。

常吃海藻类食物

海带等海藻类食品不仅在缓解便秘方面有着极好的功效，还含有可以促进宝宝生长发育的特殊成分。有运动习惯的孕妈妈若食用海藻类食物就可以使自己的运动能力得到很大的提升，从而为生下健康的孩子打下良好的基础。

摄取含铁丰富食品

为了给胎儿的大脑供应充足、新鲜的氧气，你一定要避免缺铁情况的发生。贝类含铁量最为丰富，芹菜和菠菜里也含有大量的铁。巧克力也是含铁的食物，但铁与钙存在着互相制约营养作用的现象，所以最好不要同时食用巧克力和牛奶。

运动胎教 ★★★★

你的腹部已经明显地凸起来，膨胀的子宫给结肠带来了不良的影响，因而可能导致便秘。此阶段，你最好通过少量的运动来使肠部的活动变得更加顺畅。此外，采取正确的姿势这一点是我们反复强调的。要知道人的姿势对身体的均衡、呼吸、外形和动作都有影响。

随着宝宝的长大，许多孕妈妈常常会出现腰痛的现象，这多半是由不正确的姿势引起的。因此要养成保持正确姿势的习惯，并经常进行强化腰、背部肌肉的运动。

在怀孕期间穿舒服的鞋子格外重要。许多职业女性此时都会出现足部和脚腕肿胀的现象，这是由久坐或久站带来的血液循环不畅所引起的。因此，给脚和脚腕做按摩或常常转动手腕、脚腕都大有益处。

轻摇腹部

● 双手和膝盖撑起整个身体，让腹部完全放松下来。身体向两侧轻轻晃动。

功效：可以舒展腹内的空间，疏通肠道。

两腿分开半站

● 将两腿向左右方向大幅度分开，在这样的站立姿势下平伸双臂至肩部的高度。

● 保持双臂左右平举，让双腿的夹角接近 90 度，然后下坐 2 次，将力量集中到臀部再向上提升 2 次。

● 如果觉得保持平衡较为困难，可以抓住椅子或书桌的边缘来完成这个动作。

功效：可以起到锻炼大腿内侧和臀部肌肉的功效。

转动手腕

● 捏紧拳头并将手腕轮流向上和向下弯曲，再进行从里向外和从外向里的转动。反复进行这一动作。

功效：可以促进血液循环。

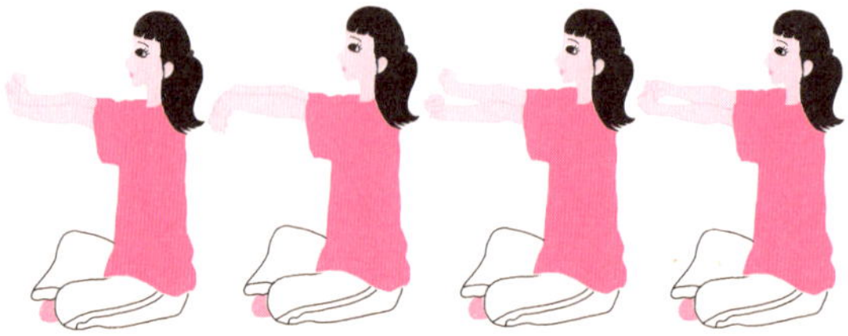

转动脚腕

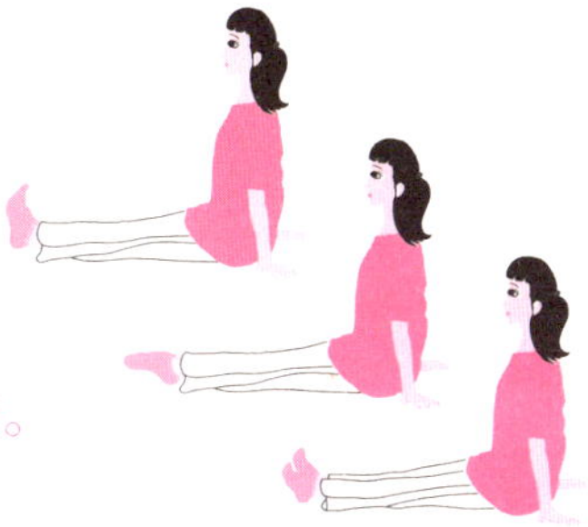

● 将双腿向前平伸，背部挺直，双手撑住地面。

● 脚腕尽力向上弯曲再改向前伸出，双脚从里向外再从外向里地转动。

功效：可以促进血液循环，预防和缓解足部肿胀。

半坐式

● 双腿分立，与肩同宽，双臂向前平伸，与肩同高。

● 慢慢地将双腿分开进行坐下再站起的动作，尽可能不让臀部往后陷，让双腿集中力量坐下再站起。

功效：可强化大腿内侧的肌肉。

按摩胎教 ★★★★

针对皮肤瘙痒

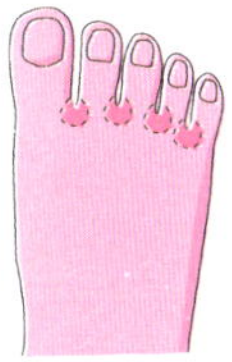

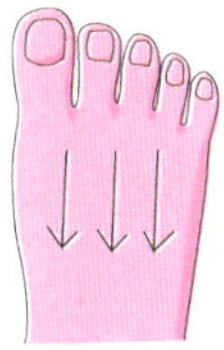

1. 在涌泉穴上按3次，每次4秒钟。

2. 向着对角线方向的输尿管反射区滑动按摩，重复9次左右。

3. 在脚踝内侧的膀胱反射区上按压3次，每次持续4秒钟。

4. 在五个脚趾各自之间的淋巴反射区上用大拇指和食指一起按摩，每次4秒钟，重复4～5次。

5. 在脚背上朝着箭头所示意的脚腕方向进行整体的滑动按摩。

针对忧郁症

1. 用双手握住整个脚背，模仿掰开一个苹果的动作，重复4～5次。

2. 用大拇指和食指依次抓住5个脚趾向上提拉。

3. 握住脚底向后扳，这一舒展运动重复4～5次。

4. 用大拇指在脚踝的侧边卵巢反射区依照逆时针方向画圆，通过这一动作达到按摩的功效。

5. 用大拇指按压涌泉穴3次，每次4秒钟。

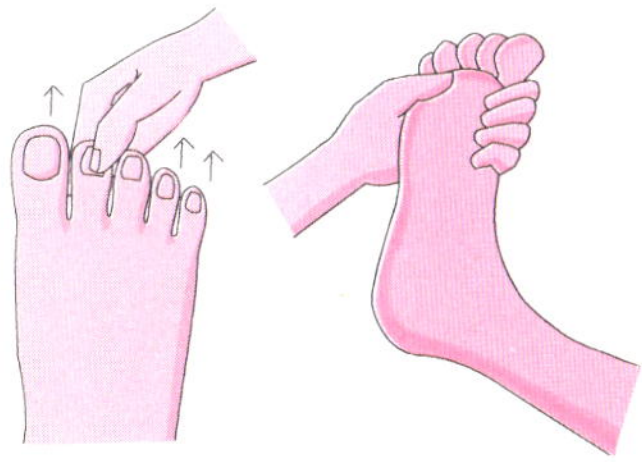

针对鼻塞、流鼻血和过敏性鼻炎

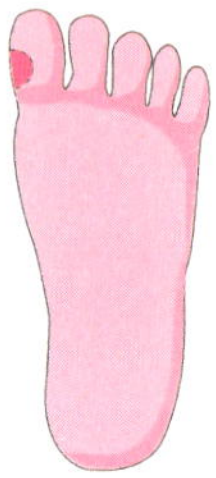

1. 按压位于脚底中央的肾脏反射区涌泉穴上3次，每次4秒钟。

2. 在大脚趾上的大脑反射区位置用大拇指和食指一起按住4秒钟以上，重复4～5次。

3. 用拇指按压鼻部反射区，重复4～5次。

专家忠告：胎儿的视觉很发达

胎儿可以感觉到光线

“胎儿到底能感觉到什么呢？难道还能看见羊水以外的东西吗？”如果你或准爸爸还持有这种想法，就说明你们一定还没有进入到胎教的状态当中。上一节我们已经了解到胎儿具有5种感知能力，也强调胎儿对父母传递出的声音会产生多么大的反应。那么，宝宝真能看到一些什么吗？

根据一项在美国得出的实验结果，当光照射到孕妈妈的腹部时，大部分6～7个月大的胎儿会不停地作出蠕动的反应。这直接证明了宝宝可以感知到母亲体外的光线这一事实。

怀孕第24周时，胎儿已经可以借助正在发育的视网膜来感觉到透过子宫壁和腹壁的光线了。此时胎儿的眉毛和睫毛都已经长成，已经具有相当程度的视觉能力。但此时还无法区分事物的形态或者颜色。我们可以通过闭上双眼之后所感受到的那种光感来了解胎儿看东西的感觉。

你应当避免待在会对腹部造成强烈光线刺激的地方，因为你感受到的不良刺激会对宝宝产生不好的影响。

享受自然光线

了解到胎儿的视觉能力之后，也就明白了为什么有人提出在分娩时须注意保护胎儿视力的说法。因为手术灯发出的强烈光线会对胎儿的视神经造成极大的刺激，甚至给其带来明显的痛苦感觉。

应该让在子宫当中具有光感的宝宝接触什么样的光线呢？答案是：暗光胜过亮光，自然光胜过人造光。怀孕以后还要坚持上班的孕妈妈，需要注意长时间接触电脑光源所带来的不良影响。抽空去野外散散步，享受一下自然光线，这对你和胎儿来说都是一件再好不过的事情。

扩展阅读：准爸爸如何与胎儿交谈

作为胎教的基本环节之一，准爸爸与胎儿交谈无疑起着非常重要的作用，那么具体应该怎么做呢？来了解几种合适的、自然的与宝宝进行交谈的方法吧。

给宝宝读童话

如果准爸爸面对孕妈妈隆起的肚子很想说点什么，又不知从何说起，不如试一试这个最简单的方法：可以选择自己小时候曾经读过的故事，也可以选择最近书店里人气最旺的童话书。不用太在意读的是什么，读才是最重要的，比较合适的频率是每天一次。准爸爸不妨以培养自己性情并与胎儿进行交流为目的轻松地开始交谈吧！

用上宝宝的小名

孕妈妈怀孕只有6个月，现在就要决定宝宝的名字无疑显得有些勉强。但可以先把宝宝的小名想出来，比如“天天”“小小”“豆豆”等不分性别的爱称，准爸爸要和孕妈妈一起决定宝宝的小名。与胎儿交谈时，只要先亲切地呼唤胎儿的小名就能迅速传递爱意，接下去的谈话就会变得轻松许多。

把日常生活当作交谈的基本话题

就像和孕妈妈聊天一样，准爸爸可以把一天中发生的事情说给宝宝听。当然，日常生活当中所发生的不可能都是好的事情，既然交谈的对象是还未出世的宝宝，应该选择一些积极的、正面的话题。

谈一谈做爸爸的决心

每个准爸爸一定都暗下决心要成为什么样的父亲。现在把这一切告诉自己未出世的宝宝吧，这将成为很有意义的交谈内容。

第 25 ～ 28 周

进入第 7 个月，胎儿逐渐长大，很多孕妈妈会出现水肿现象，这一时期也是胎儿肺部发育的关键时期，因此，你要适当多吃一些强化肺功能、缓解水肿的食物。

孕妈妈的身体变化

第 25 周，你的子宫差不多有足球那么大，腹部长出了更多的皮肤和肌肉，同时还可能会出现瘙痒症状。这时千万不要自作主张地使用软膏涂抹或用手抓挠，以免加重症状。由于生殖激素的分泌量增加，容易出汗。此外，如果打算母乳喂养，还要在这一时期注意是否有乳头凹陷的情况，并就此请教专家。

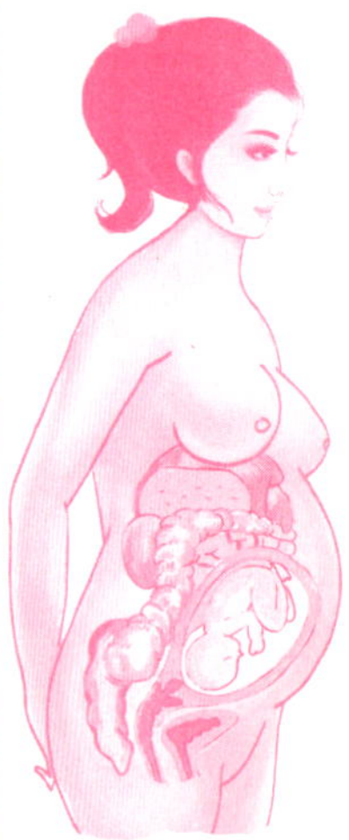

第 26 周，你的子宫继续长大。如果能够注意营养、均衡饮食，你的体重增加的幅度应该在 7.2 ～ 9.9 千克，胸部、腹部、臀部和大腿内侧都可能会出现妊娠纹。此时你容易出现腰疼、小腿痉挛和头痛等症状，还有可能出现暂时性的思考能力降低和健忘等症状。相反，有的时候怀孕过程中分泌的某些激素却可以刺激脑部当中负责学习和记忆的那块区域，其活动性变强以后往往会出现记忆力不降反升的现象。

第 27 周，你子宫底的高度到达了肚脐上方 7 厘米左右的位置。耻骨到子宫上部的距离约为 27 厘米。你的手臂、腿、脚等部位可能肿得很厉害，可以通过按摩缓解症状。

子宫变大的同时胸部会有疼痛的感觉。能感觉到有规律的胎动，如果感觉胎动发生的次数很少，有必要去做检查。

第28周，你的耻骨到子宫上部的距离已经达到了约28厘米。你在此阶段体重的正常增长幅度是7.7～10.8千克，腹部的红色妊娠纹变得十分鲜明，腹部、臀部和大腿内侧都变得更加丰满，乳房上的血管也更加清晰可见。

胎儿的成长

第25周，胎儿的体重长到了大约700克，头顶到臀部的长度增加为22厘米左右。这时胎儿开始了各种与呼吸有关的练习，身体也渐渐变胖，但皮肤仍然皱得很厉害。

第26周，胎儿的体重长到了约910克，头顶到臀部的长度约为23厘米，身体变得丰满起来。胎儿开始进行呼吸，脸部和身体开始对外界的抚摸作出反应。

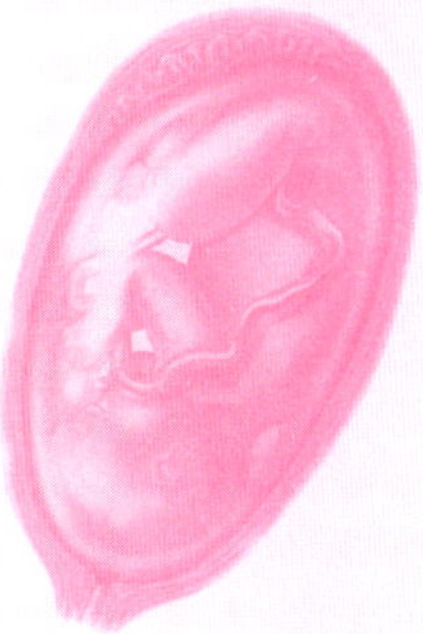

第27周，胎儿的体重是1千克左右，从头顶到臀部差不多有24厘米，身长达到34厘米左右。胎儿身体的各个部分几乎都已经形成，视网膜继续发育，内耳的神经连接已经完成，眼皮已能够分开，并且会出现不时眨眼的动作。

第28周，胎儿的体重约为1.1千克，头顶到臀部的长度是25厘米左右，眉毛和睫毛不断地生长，脑组织数量明显增加，头发变得更长，体重有了成倍的增长。进入这一时期以后，胎儿会做梦了，睡眠也有规律了。

小贴士

胎儿的大脑组织正以惊人的速度发育，身体也渐渐结实起来。你应该多吃一些对大脑发育有促进作用的核桃或其他坚果。

胎教备忘录

甲状腺异常——若脉搏突然发生变化或是手掌出现红晕，则应考虑是不是与甲状腺的异常有关，孕妈妈的甲状腺异常往往会成为胎儿早产和流产的诱因，所以必须加以注意。若觉得有必要补充一些营养品，也一定要在医生的指导下服用。

胸部不适与消化不良——胸部不适与消化不良会使你吃不下饭，在这种情况下，应该选择绿叶蔬菜等营养丰富的食品，而少吃脂肪、油和糖分高的食物。

预防早产——如果你有过早产史、肝炎或早期羊水破裂等问题这一时期则很容易发生早产，你应该经常记录自己的宫缩情况并时刻保持警惕。

补充维生素——你应该及时摄入含有对人体生长起到重要作用的维生素A、对神经发育和血液细胞的形成有积极影响的B族维生素，以及可以促进肌肉和红细胞生成的维生素E的食物。

伸展运动——若使用电脑，每小时需要休息一次，久坐之后也要站起来做运动以舒展自己的身体。转动脚腕、肩膀，拉伸背部，对缓解紧张的神经有所帮助。

水肿——这一时期你的手臂、腿部、脸和脚腕都有可能会发生水肿，应该经常把腿搁在高处，坐的时候将腿伸直，还要注意穿比较宽松的鞋子。

这一时期你还是要保证每一顿都吃饱，但不要吃太咸的食物。每天保持摄入水分1 500毫升左右，并在此基础上根据身体是否浮肿相应调整。除了白开水以外，你也可饮用大麦茶和果汁等来补充水分。

胸部疼痛——如果想缓解消化不良和心口难受的症状，可以每天进餐5～6次，减少每餐的摄入量。

腹部发痒——从妊娠中期开始，有的孕妈妈的胸、腹部开始瘙痒，皮肤上还长出一些粗糙的、凹凸不平的小包。孕妈妈可以采取勤洗澡的措施，保持身体的清洁，尽量穿手感好的棉质衣服。

饮食胎教 ★★★★★

强化肺功能、促进大脑发育

在怀孕第25～28周中，母体的“手太阴经脉”控制着胎儿的生长。这条经脉是与肺部直接相关的。你所选择的食物必须有强化肺部的作用，并且能够对胎儿的皮肤、毛发和大脑的发育有所帮助。

人参是一种具有代表性的以阳气补肺的药品。你可以把人参煨一煨直接嚼食，也可以将其研粉末后按照每天5～6次，每次3克的用量与热水混合后服用。沙参的重要作用在于可以同时保护到肺部的阴气。

橘子、核桃和牛奶也是对你的身体极其有益的食品，可将牛奶和米粥一起熬制后随时服用。

缓解水肿

水肿出现的最为明显和频繁的阶段是在怀孕的第25～28周期间。水肿不会对胎儿产生不良的影响，等到产后会慢慢自愈，不需要太担心。现在，你可以通过饮食来缓解水肿。

土豆含有丰富的无机盐，钾含量很高，不仅能帮助身体排出因食盐过多而滞留在体内的钠，还能促进身体排出多余水分，因而可以消除水肿。鲫鱼是一种益脾胃、安五脏、利水湿的淡水鱼，可以消除妊娠水肿。

水肿严重时可以考虑采取食疗法：把鲤鱼的腹内掏空，在其中放入一把红豆后熬汤服下。或者把桑根皮和红豆按照同样的分量混合烧煮后饮用。

桑根皮和红豆不但具有显著的利尿作用，还可以预防可能与水肿同时发生的高血压症状。

除此之外，冬葵汤、玉米粥和玉米茶对缓解水肿症状也有一定的功效。

运动胎教 ★★★★★

这一时期，胎儿的脑部快速发育，产生大量的脑细胞，需要为宝宝提供充足的氧气和营养。那些能够促进呼吸的运动意味着可以给宝宝带来更多新鲜的空气。相反，那些需要屏住呼吸、或者要求举起很重物体的运动，你最好不要考虑。

你还应该多想办法减轻自己所承受的压力，因为在受到压力时身体内的肾上腺素会过多地分泌并造成血管收缩，假如这种收缩发生在连接胎盘的血管上，就会使胎儿的血液供给发生困难。要想减轻压力，最重要的就是保持愉快而平和的心态。除此以外，由于运动可以给身体提供新鲜氧气并让血液流动顺畅，所以进行适当的运动也可以起到缓解压力的作用。

抬头呼吸

● 两脚分开，与肩同宽，将双臂斜向上缓缓地举起并用鼻子吸气，与此同时抬起头部和脚后跟。

● 双臂缓缓放下至侧平举的姿势，同时两脚后跟着地并调整呼吸。

功效：可以提高你保持身体平衡的能力并增加氧气的供应量。

拉伸肩部

● 双腿分开，膝盖弯曲，跪坐，上半身前倾并让两手接触地面。尽可能地向前伸出双手，彻底地舒展自己的肩部。

功效：可以增加肩膀的柔韧性，并让整个身体松弛下来。

舒展身躯

● 两手向后撑，双腿伸直。将身体抬起并使其形成一条斜线。注意脖子不要过于后倾，尽量让双眼保持看天花板的动作。

功效：可以使腹部变得舒适，同时也让肩部和手臂参与到运动当中。

舒展背部

● 双臂上举，吸气后再从口里慢慢吐出，上半身向前弯曲。注意保持背部挺直，脖子稍稍上抬，两眼凝视前方。

● 待身体弯曲至与双腿构成直角之后再次吸入空气，弓起背部并慢慢地让上半身恢复原位。

功效：可以强化肌肉，并使呼吸变得更畅通。

转动身躯

● 将一条腿完全伸直，另一条腿弯曲起来并跨过第一条腿踩在地面上，此时开始扭动上半身并向后观望。

● 用弯曲的腿的另一侧的那只手揽住膝盖，另一只胳膊撑在地面上。让上半身保持竖直的状态，在保持有规律地呼吸的同时做上述动作。

功效：缓解背部肌肉紧张。

按摩胎教

★★★★

针对失眠

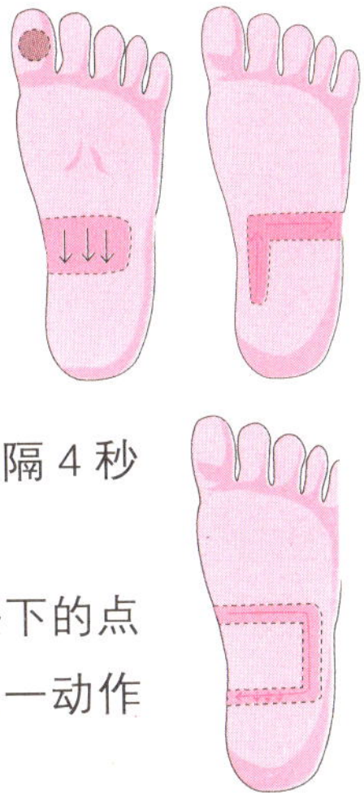

1. 用热水泡脚 15 分钟左右。
2. 在脚底中央的涌泉穴反射区按压 2 ～ 3 次，每次 4 秒钟。
3. 在大脚趾中央位置的大脑反射区上用大拇指按 4 ～ 5 次。
4. 用大拇指在小肠的反射区处按照箭头方向反复滑动按摩。
5. 左手按压右脚，右手按压左脚，用大拇指在脚底部位每隔 4 秒钟按压一次，并把每一个按下的点连接起来就成为直角的形状。
6. 用右手大拇指在左脚脚底上每隔 4 秒钟按压一次，把按下的点连接起来就呈“U”状。还要在直肠反射区上多按下一次，这一动作在晚上睡觉之前应重复 4 次。

针对静脉瘤

1. 用大拇指在脚底中央位置的涌泉穴上按 3 次，每次 4 秒钟。
2. 向着对角线方向的输尿管反射区滑动按摩，重复 9 次左右。

3. 在脚踝内侧的膀胱反射区用大拇指按压 3 次，每次 4 秒钟。

4. 用大拇指和食指握住脚腕，然后从下部向膝盖方向滑动按摩，重复 4 ～ 5 次，以达到按摩脚内侧、外侧和后侧的功效。

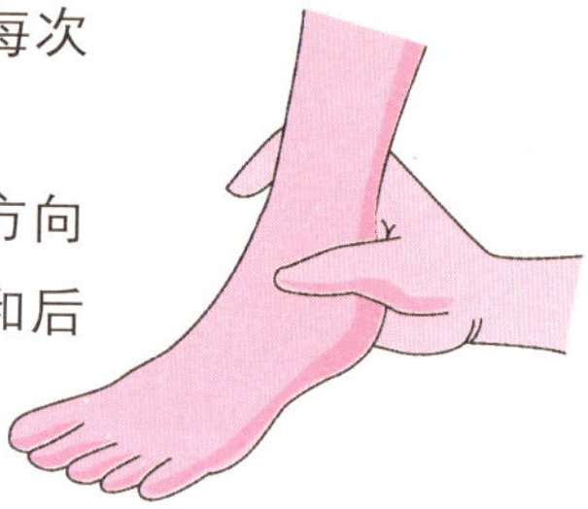

针对呼吸困难和胸部疼痛

1. 用脚泡热水 10 分钟以上。
2. 在脚底中央的涌泉穴反射区按压 3 次，每次 4 秒钟。
3. 在脚背上朝着箭头所示意的脚腕方向进行整体的滑动按摩。

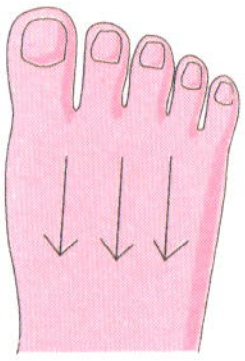

专家忠告：孕妈妈保持营养均衡和举止文雅很重要

宝宝有味觉

“又没有直接吃东西，何谈胎儿会有味觉呢？”有的人可能会提出这样的问题。但胎儿的确是具有味觉的，到了孕期的第 28 周，胎儿的味觉已经很发达了。例如，当你直接服用葡萄糖时，可以观测到胎儿的心脏搏动次数有明显的增加。因为胎儿有着强烈地摄取葡萄糖这种必需营养成分的愿望，所以才想通过自己活泼的表现表达出这种愿望。

传统胎教法中提出了让孕妈妈接触梅花和兰花香味的建议，传统胎教也同样强调孕妈妈不应食用不新鲜或没有成熟的水果，同样需要小心色味异常及半熟的蔬菜。可见，古时候人们就已经知道胎儿有味觉这一事实了。

合理制订孕妈妈的食谱

你摄取营养的情况与流产、早产及畸形儿出生的概率息息相关。所以，你不能随随便便地决定自己的饮食内容，一定要考虑营养成分在滋补身体和预防畸形方面所能起到的作用。

最重要的营养成分当属可以预防畸形的叶酸和对胎儿的大脑发育起到帮助作用的蛋白质，一定要充分地摄取含有这两种物质的食物。如果你缺乏维生素就有可能影响胎儿的智力，一定要注意维生素的补充。

你的饮食原则应该是：即使不合自己的胃口，也要为了胎儿的健康选择最营养的食物，严格禁止把方便食品或快餐食品当正餐。

孕妈妈要注意言行举止得体

未出生的宝宝也具有记忆吗？根据宝宝出生以后记得以前听到过的父母的声音这一点来看，宝宝的确具有一定的记忆能力。那么，宝宝到底能记住些什么呢？

有许多相关的研究结果都表明：孕期的第7个月以后，随着负责记忆功能的中枢神经逐渐形成，在胎儿周围发生的所有事情都有可能被其记住。所以，身为父母，在胎儿7个月左右时就要特别注意自己的言行。

还有研究发现：胎儿对各种事物的记忆中，在音乐和语言这两大领域的记忆能力最为突出。有很多人认为孕妈妈和准爸爸的说话习惯与胎教功效存在着关联，上述的研究结果也多少为这一点提供了科学上的根据。

扩展阅读：可以通过胎教实现早期英语教育吗

既然胎儿具有记忆，那么你在胎教期间学习英语可以对宝宝起到早期英语教育的作用吗？

有很多孕妈妈怀着这样的心思买来了英语教材，还让胎儿直接收听英语。那么这样做有实际的功效吗？实验结果证明，这样做是有一定意义的。胎儿在子宫里可以听到外部传来的声音，并且能够对说话内容的语调作出分辨。在学习英语的过程中，掌握语调无疑是一个不可或缺的重要步骤，这一点可以证明在腹中阶段对宝宝实现英语教育的可能性。

目前还无法直接证明腹中英语教育到底能够起到怎样的功效，但是，如果你在孕期能够保持平和而愉快的心态，适当地接触英语，一定可以取得不错的胎教功效。

第 29 ～ 32 周

进入第 8 个月，你的子宫仍在不断变大，这可能会导致腰部疼痛的发生，可以通过运动和按摩来缓解。在饮食方面，你要多吃一些强化大肠功能的食物，同时，要注意饮食营养均衡，防止胎儿过大，不能顺利生产。

孕妈妈的身体变化

第 29 周，你体重增加的正常范围是 8.5 ～ 11.2 千克，可能常会有乳汁分泌，为了保持清洁，可以在文胸里垫上纱布或棉垫。不用过于担心妊娠纹、宫缩或者水肿等孕晚期的一些正常现象。你很容易长黑痣或者雀斑，并且会由于油脂和水分的不均衡导致皮肤角质的出现，保证充足的睡眠并缓解压力可以有效地预防黑痣和雀斑等皮肤问题。

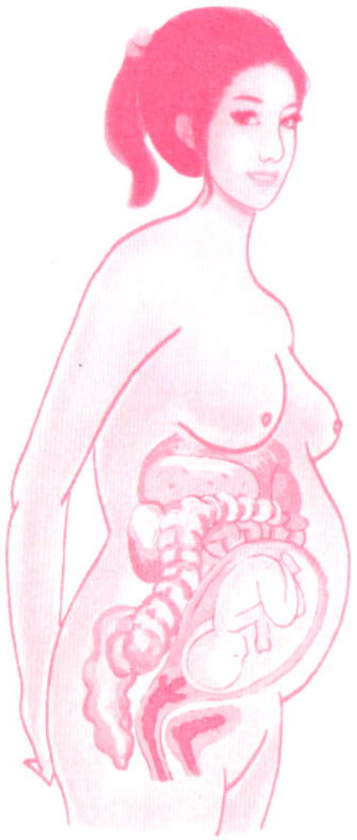

第 30 周，你的子宫已经增大到几乎要触及肋骨的程度，看上去好像再也没有继续扩大的空间了。然而事实上胎儿和子宫的体积仍在不断变大，羊水量也在持续增加当中。变大的子宫接触到横膈膜，使你感到呼吸困难。便秘、消化不良和小腿痉挛的情况时常发生。如果乳头上有残留分泌物，用温水轻轻地清洗干净即可。

第 31 周，你的子宫扩增至了腹部的大部分空间，体重正常增长范围是 9.4 ～ 12.1 千克。你的体重几乎以每周 500 克的恒定不变的速度增长着。血液和体液量增加导致你的腿部常常水肿。当骨盆的血管被子宫压迫时，有可能引起你整个下半身的血液循环受阻。

第32周，你的肚脐与子宫上部相距约12厘米，耻骨与子宫上部的距离则是32厘米左右，腹部的深色条纹变得更加显眼，肚脐可能会变得平整，也可能会明显地凸出。孕晚期应该保持每天按摩乳房的习惯。脊柱和骨盆的关节变化常常导致腰部疼痛的发生，肩膀向后活动时也很容易产生疲劳的感觉。

胎儿的成长

第29周，胎儿的体重长到了约1.25千克，头顶到臀部的长度为26厘米左右，身长约为37厘米，皮下脂肪不断地积累增多，长出了手指甲。用光线刺激时，胎儿会随着光线的方向转动。

第30周，胎儿的体重大约是1.35千克，从头顶到臀部的长度约为27厘米，全身长度增至38厘米左右。女宝宝的阴蒂开始变大，并长出了阴唇模样的组织。男宝宝的睾丸则从肾脏附近移动到了阴囊当中。

第31周，胎儿的体重约为1.6千克，头顶到臀部的长度约为28厘米，身长变成40厘米左右。宝宝的皮下脂肪明显增多，在一周的时间里体重能够增加500克以上。实际上新生儿的体重有一半都是在出生之前的7周里增加的。胎儿的呼吸与消化器官几乎都已形成，眉毛和睫毛也变得更加完整了。

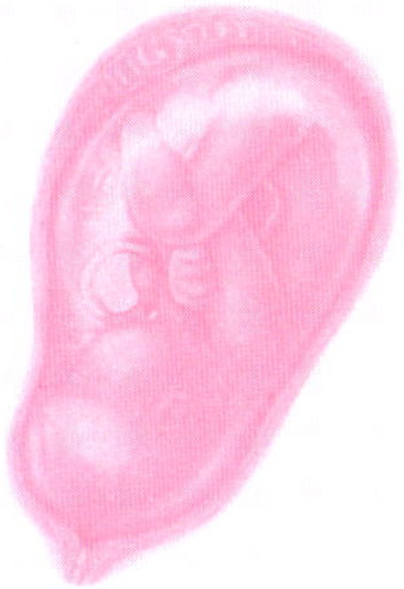

第32周，胎儿的体重达到1.8千克左右，头顶到臀部的长度约为29厘米，身长是42厘米左右。宝宝的头部、臂部和腿部按照适当的比例生长着，并且开始排尿。由于没有足够的活动空间，胎动的次数逐渐减少。

小贴士

这一时期要特别注意预防早产。尽管随着医学的发展，早产儿存活率有所提高，但尽量让胎儿正常出生总归是一件好事。怀孕后期，对孕妈妈最大的威胁莫过于妊娠高血压综合征了，因此你要时刻对水肿、蛋白尿和高血压等症状保持警惕。

胎教备忘录

阵痛——即使只是非常轻微的阵痛，也最好采取侧卧姿势并保持镇静。一般来说，只要通过休养就可以解决宫缩和阵痛的问题。多次出现这些情况时要去医院接受检查。

饮食习惯——遵循少食多餐的原则，如果不喜欢某一种食物，不要因为其营养价值而勉强食用。

小心摔伤——沐浴时要注意水温不可过高，还要特别小心脚底打滑。

定期检查——要做到保持平和的心态，并定期做彻底检查。

睡眠习惯——孕晚期你可能会出现各种睡眠障碍，这种情况完全正常。此时可以稍稍侧卧并将一条腿放在枕头上，这样可以帮助你进入熟睡的状态。

检查血液和体重——你应该经常检查自己的血压和体重，要保证充分的休息，这些做法可以有效地预防先兆子痫。在饮食方面应该多加注意，除了鸡蛋要完全煮熟之后再吃以外，所有的食物都要进行充分的加热处理，以免食物中毒。

控制体重——怀有双胞胎时，体重会增加 20 千克左右，在这种情况下你就需要把更多的注意力放在对体重的监控上。孕妈妈可以通过控制营养分配来使体重按照自己所希望的速度增长。

定期检查——你应每隔 2 周做一次定期检查，检查时可以请医师解答自己关于阵痛和分娩的所有疑问。对于现在的你而言，行走可以减轻水肿的症状，所以每天都应该外出行走，外出时如果穿皮鞋，鞋跟不能超过 2 厘米。

眩晕——到了妊娠后期，有时你会感到头晕目眩。这是越来越大的子宫阻止下体的血液循环，降低回流到心脏的血量而导致的；另外，如果你体内铁质不足，出现缺铁性贫血时，也会感到眩晕。当发生眩晕时，应马上躺在床上舒展身体，静下心来休息，并保持室内空气新鲜。如果属于缺铁引起的贫血症状时，应多吃含铁丰富的食物，并在医生的指导下服用补铁药物。

饮食胎教

强化大肠功能

怀孕的第 29 ～ 32 周期间，孕妈妈的“手阳明经脉”控制着胎儿的生长。手阳明经脉所对应的器官是大肠。从经络理论上说，大肠的元气主管妊娠第 29 ～ 32 周。

这一时期你应该多吃可以强化大肠功能的小米、梅子、牡蛎、蛤蜊、芹菜、白菜和牛奶等食物。

加强营养

到了这一时期，子宫的上端开始压迫腹部，所以吃多一点就很容易感到不适。但你还应一直保持营养丰富、摄入均衡的饮食习惯。有的孕妈妈的体重增加幅度可能会达到 20 千克，在这种情况下绝对不能有节食的想法。为了自己的孩子，你有必要坚持吃营养丰富的食物，并保证每天摄入 1 255 ～ 2 092 焦耳的热量。

含有大量亚油酸、卵磷脂和维生素 E 的花生，蛋白质、钙质和铁质含量丰富的鲍鱼、牛肉，可以促进胎儿的脑细胞核进行分裂的桂圆茶、大枣茶和当归茶，都是你非常适宜的滋补食品。

除此以外，含有 18 种氨基酸的橘子、维生素 E 含量丰富的葵花子与猕猴桃、铁元素含量丰富的海带与紫菜、钙质含量丰富的虾和沙丁鱼等都是不错的选择。糙米以及可以补充赖氨酸的大豆也同样具有很高的营养价值。

人参、五味子、芝麻、食醋以及香菇、柠檬、土豆、菠菜、芦荟等新鲜蔬菜和水果对你也很有好处，与此同时还可以考虑增加对海藻类和鱼类食品的摄入量。

预防便秘和妊娠期高血压综合征

这一时期你的子宫变大会压迫肠胃，因此应当采取一些措施来促进消化，预防便秘。要减少每餐的用量而增加用餐的次数，用餐之后可以采取右腹朝下的姿势卧床休息 30 分钟左右。

怀孕 8 个月后，你可能会发生妊娠期高血压疾病，表现为血压升高、蛋白尿和水肿三大症状，严重时引起全身痉挛，甚至昏迷。你应该尽量避免盐分含量过高或具有强烈刺激性的食物。如果你平时血压就偏高，那么在怀孕期间可以尝试喝芹菜汁来预防妊娠期高血压疾病。

运动胎教 ★★★★

在怀孕的最后 12 周里，一定要避免进行可能会压迫到静脉从而影响血液循环的运动。

宝宝的体重很大一部分是在出生前的最后 12 周里快速增加的。你如果想控制体重，千万不要节食，可以做些运动，比如散步、游泳以及在水中行走和慢跑，通过这些有氧运动增加消耗量。进行筋骨运动，用锻炼肌肉来消耗能量的方法，在控制体重方面也可以起到明显的功效。

你隆起的腹部和变大的胸部可能会导致肩部疼痛。如果不能保持正确姿势，就很容易给背部的肌肉和颈椎带来疲劳的感觉。此外，不大合身的胸罩也有可能造成背部不适、疲劳以及肋骨酸痛，应当及时更换能够完全支撑整个胸部的胸罩。

如果你转动肩部时感觉颈部有痛感，可以有针对性地训练上半身和脖子，利用重量合适的哑铃锻炼颈部、上臂以及脊柱。

手臂运动

- 保持放松的坐姿，两肩向后倾的同时抬起双手，让肘部完全向上舒展后再放下，重复数次。
- 举起双臂时要吸气，向下放的时候则呼气，整个动作需反复进行。

功效：可以放松肩部和手臂的肌肉。

推掌

● 以放松的状态坐下，两手在胸前合掌，吸气的同时用力推动双掌，然后一边吐气一边放松。需要重复这一动作。

功效：可以强化颈部和手部肌肉。

拉伸肋部

● 以放松的姿态盘腿而坐，用一只胳膊肘撑住地面。

● 另一只手臂向上举并做肋部弯曲，同时肘部以上的部分向地面方向用力，从而达到拉伸肋部的目的。

功效：可以强化肋部肌肉。

肩部运动

● 双腿大幅度分开，在站立的姿势下弯曲膝盖并呈 90 度角。

● 两手撑住双膝，一侧的手将膝盖向后推，另一侧则尽量使肩膀往里沉，扭动上半身以配合这一动作。

功效：可以解除肩部和背部的紧张状态，并使大腿内侧的肌肉松弛下来。

抖动双手

● 紧握双拳再放松，接着从上向下抖动双手。

功效：可以促进血液循环并缓解手部肌肉僵硬的感觉。

按摩胎教 ★★★★

预防早产

1. 用大拇指在脚底中央的涌泉穴上轻轻按压 2 次。

2. 用大拇指捏住大脑反射区所在的大脚趾位置，然后进行揉搓按摩，重复 2 次。

3. 在位于脚后跟的生殖腺反射区上按逆时针方向画圆进行按摩，重复 2 次左右。

4. 用大拇指和食指抓住脚腕，然后轻轻地左右转动。

5. 并拢食指、中指和无名指，然后用指纹所在的部位在脚踝周围按逆时针方向画圆。

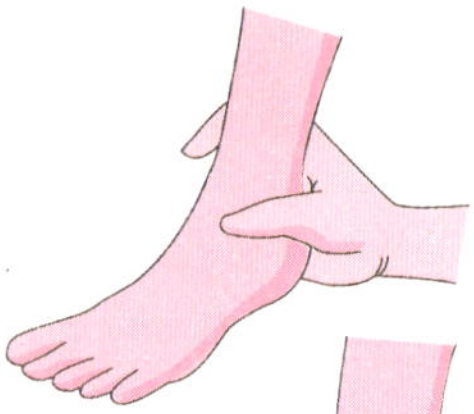

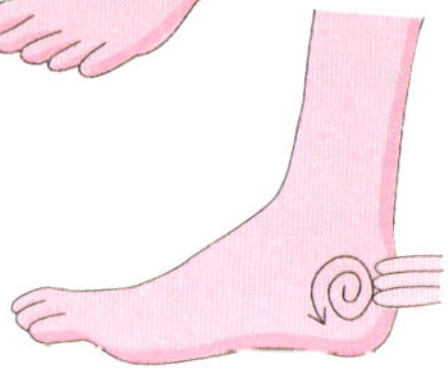

针对水肿

1. 把毛巾敷在脚背上，用双手握住整个脚背，模仿掰开一只苹果的动作进行按摩，持续 1 ～ 2 分钟。

2. 用一只手从脚腕出发往膝盖方向滑动按摩，就好像要让血液向上流动一样。随后按摩另一只脚并持续 1 ～ 2 分钟。

3. 用大拇指在脚底中央位置的涌泉穴上轻轻按 3 次，每次持续 4 秒钟。

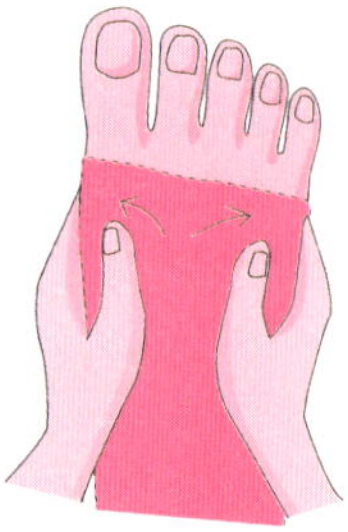

针对早期阵痛

1. 在脚底中央的涌泉穴上用大拇指缓缓按 4 ～ 5 次。

2. 用大拇指在小肠反射区上按图中的箭头方向进行滑动按摩，这一动作重复 4 ～ 5 次。

3. 在脚后跟部位的生殖腺反射区上进行 2 次滚动按摩，按摩时要仿照旋涡的形状按逆时针方向进行。

针对手脚麻木

1. 将手脚浸泡在热水中 10 分钟以上。

2. 用大拇指在涌泉反射区从里到外按逆时针方向旋转着进行按摩。

3. 在小肠反射区上用大拇指按照箭头所示方向进行按摩。

4. 用大拇指按压各个脚趾的顶端。

5. 再将手和脚放到热水当中，不断地搓擦手脚直到感觉发热为止。

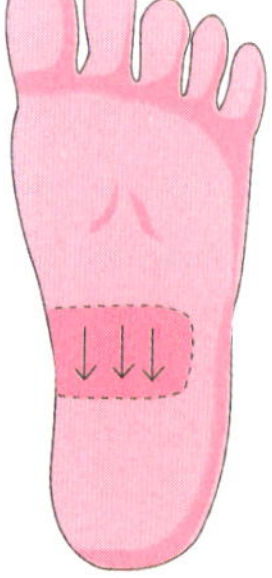

专家忠告：准父母要多与胎儿接触

宝宝能够记住羊水的味道

看到狗或者猫能够根据只闻过一次的味道把所需要的东西寻找出来时，我们总是会觉得非常神奇。实际上，人类的一生当中也存在具有这种神通广大的嗅觉的时期，那就是胎儿期。子宫里的胎儿有着可以记忆各种味道的出色能力。

一项研究结果显示，将分娩时排出的羊水涂抹在妈妈一侧乳头上，让新生儿接近母亲，大部分的宝宝都会选择吸吮抹上羊水的那一侧乳头。这证明了新生儿能记得胎儿时期闻到过的羊水气味。由此看来，宝宝在出生之前是具有嗅觉的。

宝宝这种出色的嗅觉能力在出生1周以后就渐渐消失了，留下的那一小部分相当有限。

我们在此进行探讨并不是仅仅想要你了解宝宝在出生之前具有嗅觉这一事实，而是为了强调宝宝在许多方面具有与成人相近甚至超过我们的感知能力和记忆能力。正是因为宝宝对自己所处的子宫环境存在记忆，所以你要吃有益的食物，听柔和的声音，看优美的景象。

多与宝宝进行接触

宝宝的脑部发育和所接受的身体接触有着密切的关系。如今有各种婴儿按摩法、五感刺激法和皮肤接触法，还有专家主张让父母和刚出生的宝宝进行一定的身体接触。

出生以后的身体接触固然重要，但是在出生之前的接触也是非常必要的。多和宝宝进行间接接触，可以促进宝宝的脑部发育，使其情绪安定。那么，什么是与宝宝进行间接接触呢？准爸爸抚摸孕妈妈的腹部，或者孕妈妈抚摸自己的腹部，这都可以算作是与宝宝进行间接接触。通过抚摸，能够使胎儿感知父母的存在，以增加机体的反应能力。父母一边抚摸胎儿，一边和宝宝轻轻地交谈，充满了温馨亲密的气氛。研究表明，经常抚摸胎儿可以激发他运动的积极性。

抚摸的方法是：孕妈妈仰卧在床上，全身放松，用手来回在腹部抚摸胎儿，然后做一些轻压和拍打的动作，给胎儿触觉上的刺激。

需要注意的是，如果抚摸力度过大有可能会引起宫缩，所以在抚摸的过程中一定要注意力度。

第 33 ～ 36 周

随着分娩的临近，各种不适症状及对分娩的恐惧会让你有很大压力，因此，这一时期仍要注意缓解心理及生理上的压力。饮食上，适当吃一些鲤鱼，有助于预防早产。准爸爸也不能闲着——现在应该开始制订分娩计划啦！

孕妈妈的身体变化

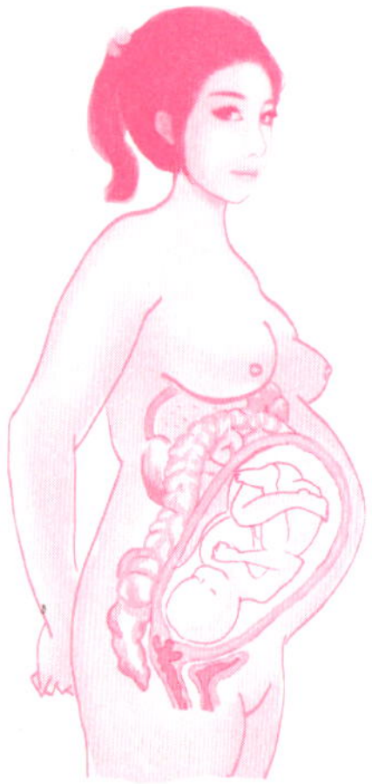

第 33 周，你的肚脐到子宫上部的距离变为 13 厘米左右，耻骨到子宫上部的距离有 33 厘米左右，体重增加了 9.9 ～ 12.6 千克。当感到腰部疼痛时，可以通过洗温水澡或按摩，缓解肌肉的紧张状态。

第 34 周，你的脸上有可能出现白色的斑点。你可能感觉到宝宝的位置有所下降，呼吸会变得轻松一点，但是骨盆会有强烈的压迫感觉，在感到难以适应这种压迫时，就要去医院检查。此外，激素分泌的增多使乳腺保持着发达的状态，开始分泌乳汁。

第 35 周，你的肚脐到子宫上部的距离约 15 厘米，耻骨到子宫上部的距离为 35 厘米左右，体重增加 10.8 ～ 13 千克。随着分娩的临近，腰部的疼痛症状越来越严重，乳房胀至最大上限，身体变重使你很难进入熟睡状态，情绪波动较大。

第 36 周，你的肚脐到子宫上部的距离大约是 14 厘米，耻骨到子宫上部的距离约是 36 厘米，体重增加 11 ～ 13 千克。子宫随胎儿一起变大，这时已经抵到了肋骨下段的位置。你的腹腔内几乎再也没有多余的空间了。由于膀胱受到压力，你会出现尿频现象。

胎儿的成长

第33周，胎儿的体重约2千克，从头顶到臀部的长度约30厘米，身长是43厘米左右，头发明显长长。胎儿会吞入羊水并进行呼吸练习。男宝宝的睾丸完全进入到了阴囊当中。

第34周，胎儿的体重长到了约2.28千克，头顶到臀部的长度是32厘米左右，身长达到44厘米左右，头部的骨骼变得坚硬，皮肤上的皱纹也减少了许多，脚趾甲、手指甲已经完全长出。

第35周，胎儿的体重约2.5千克，头顶到臀部的长度是33厘米左右，身长约为45厘米。肺部正充分地发育着，这一时期出生的宝宝存活率可以接近99%。

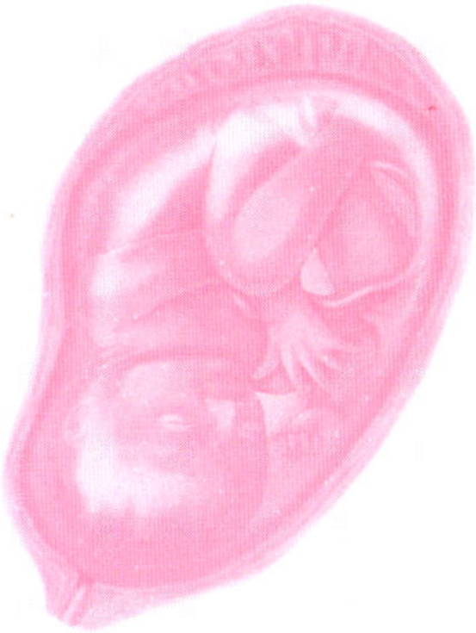

第36周，胎儿的体重大约是2.75千克，头部到臀部的长度约为34厘米，身长是46厘米左右，皮下脂肪逐渐增多。胎儿还不能进行自主呼吸，所以此时出生的宝宝在一段时间内，必须依靠人工呼吸才能够生存。

小贴士

要时刻注意早期破水。由于羊水随时都有破裂的可能，所以怀孕后期会感到胎儿头部朝骨盆方向移动，按压胃部时，你会发现压迫感几乎完全消失，取而代之的是一种轻松的感觉。除此以外，胎动也在这一时期减少。

胎教备忘录

早期破水——由于羊水随时都有破裂的可能，所以你应事先熟知早期破水的征兆。若阴道内有近似于水一样清澈透明的液体流出，则是破水的信号。

胸部疼痛——发达的乳腺会造成胸部发胀或疼痛，要想减轻这种疼痛，可以在沐浴之后做一些按摩。

摄取营养——为了保证宝宝的健康和营养，你需摄取大量的维生素和矿物质，如果打算进行母乳喂养就更应该注重营养的补充。

宫缩——到了这个时候我们不得不绷紧自己的神经以应对可能会突然到来的分娩状况。关于阵痛的信号以及何种情况下必须去医院这样的事，都应事先了解清楚。

接受检查——随着时间的推移，有规律的宫缩会在持续时间和强度上有所增加。真正意义上的阵痛应该能感觉到一定的节奏，你可以将宫缩的频率和持续时间记录下来作为根据，以便作出何时去医院的决定。如果没有宫缩或疼痛的感觉而仅仅发生流血现象，就是更加危险的信号了，应迅速去医院接受检查。

乳房按摩——为了今后能顺利地进行母乳喂养，你在给乳房做按摩这一方面不应有丝毫的马虎。

自然分娩——自然分娩可以避免手术带来的后遗症，分娩后只需要2天时间就可以出院，而且之后的恢复期也很快。但如果你的骨盆较小，胎儿的个头较大等，采取自然分娩会有一定的难度，在怀有双胞胎或患有高血压、胎儿宫内缺氧的情况下，医生会建议采取剖宫产手术。总之，应该根据产妇和胎儿的健康状况选择适当的分娩方法。

失眠——随着分娩日期的临近，孕妈妈常常出现失眠现象，这既是一种生理原因，也是一种心理原因。为了缓解失眠，你睡觉之前应换上清爽、宽松的睡衣；喝一杯热甘菊茶或牛奶；不要过多地想事情或看容易引起情绪激动的电视。通过积极的心理暗示，接受宝宝的来临。接受宝宝的性别，不要苛求宝宝的性别及容貌，如果有重男轻女的思想，希望宝宝出生时把父母亲相貌上所有的优点都具备，这种期望太大，会给你造成不必要的心理压力，使你无法保持平静的心态。

饮食胎教

强化肾脏功能

怀孕的第 33 ～ 36 周期间，母体的“足少阴经脉”控制着胎儿的生长，这是一条与肾脏有关的经脉。强化孕妈妈的肾脏功能可以促进胎儿的性器官发育，并使胎儿的骨骼变得结实起来。

山茱萸和五味子可以对肾脏起到补养作用，在保护胎儿的“精血”方面大有好处。橘子、山莓、栗子和黑豆也都是具有类似功效的食物。

预防产后缺铁

为了应对分娩时所发生的出血状况，你要从这一时期摄取含有大量维生素 C、维生素 K、B 族维生素、叶酸和铁的食品。含有这些元素的食品还包括酵母、红色肉类、动物肝脏、牛奶、奶酪、蛋黄、鱼卵、蛤蜊、紫菜、白菜和菠菜等。

预防胎盘早剥

这一时期还可能出现胎盘早期剥离的状况。胎盘早剥时母体容易出现蛋白尿、水肿和高血压这三大症状，如果剥离的面积持续扩大，60% ～ 80% 的宝宝会胎死腹中。孕妈妈也会由于持续的子宫出血而昏迷、休克甚至死亡。

听取医生的建议是十分必要的，不过通过调节饮食来预防上述症状也十分有效。你可以在平时经常饮用艾蒿茶和生地汁，或者将 3 ～ 5 个葱根细细切碎再倒入糯米粥中一起烧煮后食用。

安胎

海参中有一种特殊成分可以使胎儿变得安定。将大枣烤熟后食用也可以起到安定神经和补养虚羸的作用。

如果胎儿的情况一直不安定或者你的腰和下腹部有沉钝的痛觉，食用松子可以获得意料之外的显著功效。还可以将南瓜柄炒熟之后裹上一层面粉，然后与糯米浆一起食用，或者服用南瓜藤煮成的汤，这些都具有显著的安胎功效。

除此之外，鲤鱼和阿胶也有很好的安胎功效。

预防早产

这一时期可能会发生妊娠提前终止的情况。一般来说，36 周左右往往会产下体重 1 000 ～ 2 500 克的宝宝，被称为早产。为预防早产，你在平时应经常摄取富含钙和维生素的食物。

维生素 E 的实际成分就是生育酚，如果你缺乏维生素 E 就很容易出现早产等危险情况。在小麦胚芽、向日葵油和羊肉里含有比较多的维生素 E。

每 500 克的羊肉内含有 45 毫克的维生素 E，还含有钙 112 毫克，铁 21 毫克和大量的维生素 B_1、维生素 B_2，因此羊肉对防止早产很有帮助。除此之外，《吉尼斯世界纪录》上记载的营养价值最高的水果鳄梨（油梨）中也含有极为丰富的维生素 E。

运动胎教

孕晚期，你的骨盆可能会感觉到明显的疼痛与不适，会阴部有压迫感和小便次数频繁也是常有的现象。规则的提肛和收缩骨盆的运动可以降低尿失禁的发生概率。

如果你感到胸闷和呼吸困难，可以活动上半身以促进呼吸。某些孕妈妈静脉曲张的症状比较严重，但这属于孕期的正常现象。孕妈妈分娩之后，大部分软化的静脉都会发生收缩，使静脉瘤逐一消失，然而在某些情况下这一症状也会在分娩之后依然存在，这需要通过运动来促进血液循环，让血管恢复弹力。

如果你有静脉曲张症状，不可保持久站或者久坐的姿势，不要穿高跟鞋，要穿较为宽松的袜子。在治疗静脉曲张的过程中，消除腿、足部位的疲劳尤为重要。

缩紧阴道

● 在平躺的姿势下吸气，在吸气的同时慢慢地尽力缩紧阴道，注意不要把力量分散到其他部位，然后在呼气的同时慢慢放松下来。

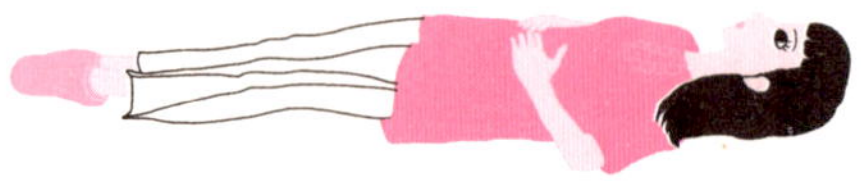

● 吸气时数到 6，呼气时数到 8，在重复 5 次之后侧躺休息。

功效：可以使会阴、阴道部位的肌肉的弹性增强。

分腿运动

● 在平躺的姿势下将膝盖向上举，用嘴慢慢呼气，同时用手在双腿的内侧拉住膝盖慢慢将腿分开并抬起上半身。

● 用鼻子慢慢吸气并恢复平躺姿势。

功效：可以强化大腿和骨盆处的肌肉。

找平衡

● 站立，两腿分开，用鼻子吸气的同时高举双臂。

● 一边吐气一边放下双臂降到与肩同高，一条腿保持不动并尽力寻找平衡感，另一条腿稍稍向前抬起。

● 再次吸气、吐气后将腿放下，变换方向。

功效：可以缓解疲劳，锻炼平衡能力。

脚腕运动

● 慢慢坐下，两手自然地撑住地面，双腿向前舒展，待腿部完全放松之后碰撞两脚腕。多次重复这一动作。

功效：可以预防和缓解足部水肿。

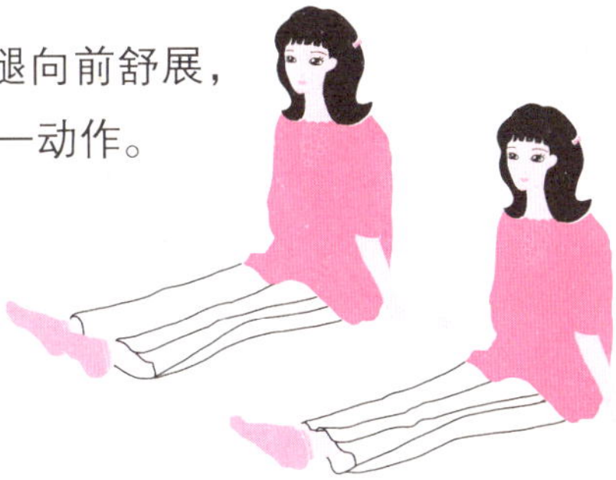

腿部运动

● 平躺以后把双腿举起并靠在墙壁上，一条腿慢慢下沉到地面后再重新抬起。接着再换另一条腿进行这一动作。

功效：可以强化腿部、臀部肌肉，增加大腿内侧柔软性，解除疲劳，防止腿、足部位的血液过于集中。

按摩胎教

★★★★★

针对妊娠糖尿病

1. 用热水浸泡双脚 20 分钟以上。

2. 在脚底中央的涌泉穴上用力按压 2 次。

3. 用拇指和食指揉搓大脑反射区所在的大脚趾下面区域，重复这一动作 2 次。

4. 在脚后跟部位的生殖腺反射区上用画圈的方法进行按摩，重复 2 次。

5. 用大拇指和食指抓住脚腕，然后柔和地进行左右转动的按摩。

6. 将食指、中指和无名指并拢，然后用指纹所在的部位在脚踝周围用画圆的方法进行转动按摩。

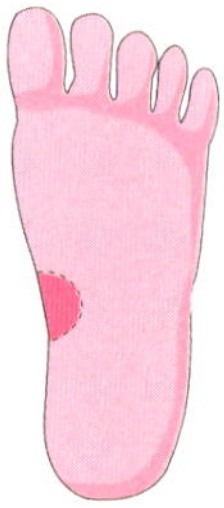

7. 在大脚趾正下方的胰脏反射区，用大拇指按压 3 次，每次持续 4 秒钟。

针对记忆力和思考能力降低

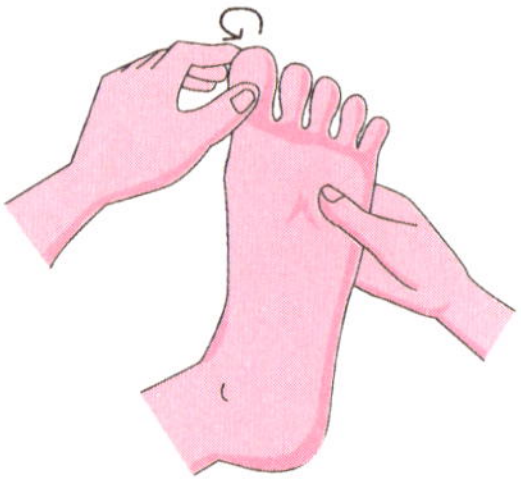

1. 在涌泉穴上用大拇指按 2 ~ 3 次，每次 4 秒钟。

2. 用双手从脚腕出发向膝盖方向按摩，就好像要让血液向上流动一样。对两腿分别进行这种按摩，持续 1 ~ 2 分钟。

3. 用拇指和食指捏住位于大脚趾上的大脑反射区，然后用转圈的方法进行按摩，重复 2 次。

针对压力过大

1. 在涌泉穴上用大拇指缓缓按 4 ~ 5 次，按的时候要适当用力。

2. 在小肠反射区从上向下进行滑动摩擦，重复 4 ~ 5 次。

3. 在脚后跟部位的生殖腺反射区上用画圈的方法进行按摩，重复 2 次。

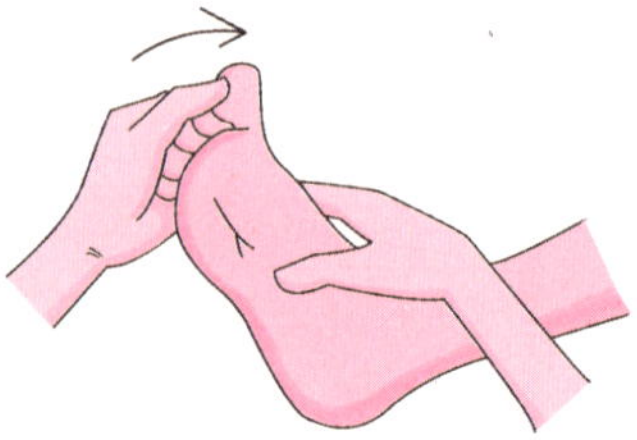

4. 用一只手抓住左脚，另一只手将五个脚趾一起向后扳动。换一只脚，重复上述动作。

保健胎教 ★★★★★

怀孕中的皮肤问题

妊娠斑

孕期，当促黑细胞激素不知不觉超过了以往的数量时，色素就会沉着在孕妈妈的鼻子、双颊和前额，从而引发一些皮肤问题，这就是人们所知道的妊娠斑。尽管这并非是阳光照射所引起，但是，阳光照射会使妊娠斑加重。有45%～70%的孕妈妈会出现妊娠斑，但是多数孕妈妈的妊娠斑在宝宝出生后会消退。

妊娠纹

最让孕妈妈感到烦恼的皮肤问题是妊娠纹，虽然你可能从未出现过妊娠纹，但是，还有不少的孕妈妈在孕中期后一段时间会出现妊娠纹。一般会在下腹部出现妊娠纹，也有些孕妈妈会在大腿、臀部、胸部及胳膊上出现妊娠纹，新鲜的妊娠纹为紫红色。分娩后，妊娠纹会在皮肤上留下永久性的银白色条纹痕迹。

妊娠纹有某些遗传因素，如果你的妈妈或姐姐有妊娠纹，那你很可能也会有妊娠纹。另外，体重增长过快、体重超重及胎儿过大等均会使妊娠纹更严重；皮肤湿润、健康、有弹性的孕妈妈，很少出现妊娠纹。

孕妈妈为什么如此焦急

到了孕期的最后阶段时，也许你离预产期越近，对临产越觉得迫不及待。这主要是因为孕晚期身体很不舒服，并且很多活动受限。有这种感觉是正常的，尽量做一些力所能及的事情，试着放松，平静地等待那一激动时刻的到来。已经等了那么久，最后一刻，你一定可以坚持的。

另外，有些孕妈妈还反映她们有时会丢三落四。有些健康专家指出孕期“丢三落四”被夸大了，因为有些孕妈妈整个孕期都可继续工作。而有些孕妈妈则觉得健忘是她们最明显的症状之一。不论有无此类症状，都无需为之焦虑。

孕妈妈的产前尿检

在产前预约检查时，医生会要求你化验小便。注意要中段尿才有意义。尿样中蛋白质的含量（蛋白尿）会表明肾脏的相关状况。微量蛋白尿并非异常现象，这仅表明你的肾脏负担比怀孕前有所增加，身体可能正与轻微感染“作斗争”呢。医生会根据尿样分析，确定是否有感染症状以及被感染的类型。随后，他们会酌情进行处理。

在下一次的产前预约检查中，医生确定蛋白尿是否仍然存在，其含量是否增加。如果蛋白尿增加了，就表明你可能患有先兆子痫，这是怀孕期间发生的严重情形之一，它会同时影响你和胎儿的健康。如果同时出现血压升高，蛋白尿恶化，手指、双脚和脸肿胀，则表明是先兆子痫，即使有时只有上述症状之一，也不可忽视。

如果你的尿样中蛋白质含量高，会被要求做进一步的检查：通常是 24 小时尿样采集，以得出所排出的蛋白质的总量，同时进行验血，检查肝功能。

如何做分娩计划

目前，在很多医院，超过 70%的产妇会使用硬膜外联合麻醉，因此，如果你正在找一种不需要药物干预的分娩方式，就要事先做好分娩计划，并把它写下来，并与医生商讨，确保他能帮助你实现愿望。

事先知道自己想要什么，提前说明还需要什么。在分娩的过程中，你的思路不会很清晰，那时做决定是件很困难的事情，因此，如果在疼痛的时候，不想采用药物，可以把这个想法告诉医疗小组，而且事先告诉他们，在提出要求的时候，他们应该怎么做。

你应该把分娩计划写得像一封信，而不是写成传统的要点罗列表，对想要采取的那种方法加以解释。如果写得简明扼要，并且集中阐述了要优先考虑的事情，医生读起来就会容易得多，而且计划很少被改变。分娩方式有很多，但最好先考虑自然分娩，除非身体确实有异常情况。

准备好住院分娩用品

医疗保险卡或医院挂号还有病历本及之前所有的检查、化验单，支票或现金以及身份证；喜欢的枕头、睡衣、发夹或者头绳等。

特殊的照片或物品，以便作为注视点；拖鞋、润唇膏、牙刷和牙膏；CD或随身听，让你感觉放松的、喜欢的音乐；网球（在适当的时候，可以用它来按摩背部，让自己放松一点）；如果眼睛不好，请准备一副眼镜（一些医院不允许孕妈妈在分娩时戴隐形眼镜）；一架有充足电池的照相机或摄像机；记着朋友和亲戚的电话号码本；婴儿册（如果你想将新生宝宝的足印留下来）。

专家忠告：胎儿与孕妈妈“同甘共苦”

宝宝也会做梦

你怀孕后，你自己或是身边的人都有可能会做梦，这种梦被称作胎梦。每个人的胎梦都不一样，对胎梦的解释和分析也不尽相同，但我们可以把胎梦看成提示准爸爸或者孕妈妈开始进行胎教的自然信号。

另一方面，不仅孕妈妈和准爸爸会做梦，胎儿也有做梦的可能。在孕期的第9个月时，对胎儿进行脑电波测试，可以观察到其大脑电波会发生交叉并引起做梦。尽管我们无法了解那是一些怎样的梦境，但是宝宝在出生以前就会做梦这一事实已经被明确地证实了。那么，你和准爸爸此时应该给予胎儿怎样的帮助呢？其实只要仔细想想自己做梦的情况就可以找到正确的答案。在心情舒畅、愉快的日子里我们往往会在睡觉时进入美好的梦境，相反在心情沉闷的时候我们不仅很难入睡，还常常会进入到乱七八糟的复杂梦境当中。胎儿的所有经历都是通过你获得的，你只有在生活中保持平和、安定的心态才能对胎儿的梦境产生好的影响。

想想看，你在梦里见到即将出生的宝宝，而胎儿则梦到不久将要见到的爸爸、妈妈，这是一件多么美好的事情啊！不过请记住一点：要想达成这一目标，需要你和准爸爸、同事、亲戚以及周围其他人的共同努力。

孕妈妈痛苦时宝宝所承受的痛苦

10个月的怀孕过程并不总是一帆风顺的。你可能会遇到意外，遇到令人伤心的事情，还可能会遭受身体上的病痛和突如其来的家庭变故等。这些会给未出世的宝宝带来怎样的影响呢？有一项与此相关的科学研究分析了在进行人工流产手术时，胎儿所承受的痛苦程度。人工流产不仅会使孕妈妈的身体感到疼痛，还会给胎儿带来身体组织彻底碎裂的巨大痛苦。有人会问：胎儿真的可以感受到这种痛苦吗？答案是肯定的。这一点可以通过胎儿在此过程中分泌的镇痛激素得以体现。

上述研究结果确实令人感到震撼，它揭示了腹中的宝宝可以感受到母体内传递的痛觉这一重要事实。

扩展阅读：了解产后健忘症和抑郁症

在这一时期，你会很容易被这样或那样的不安感所包围，往往会为分娩时的痛苦和以后抚育孩子的问题而担忧，分娩后往往会患上产后健忘症和抑郁症。

只要我们能够事先了解这两种疾病的原因，就可以采取一定的措施加以预防，从而使你从这种不必要的心理压力中摆脱出来。

产后健忘症和抑郁症是女性在适应怀孕和生产所带来的各种变化的过程中，可能发生的一种精神疾病。女性在怀孕和分娩的过程中要经历大脑收缩，这一点往往会导致产后健忘症的发生，一般来说这种症状会在产后6个月左右自行消失，如果恢复的过程很不顺利，就可能会受到产后忧郁症的困扰。

由此看来，造成产后健忘症和抑郁症不仅仅是环境上和心理上的问题，物理性的大脑损伤才是真正的致病因素。这一研究结果也同时证明了女性分娩时要经受多么大的身体变化和痛苦。你应该把这些事实告诉身边的人，尤其是要告诉丈夫，这样就能够得到应有的关心和照顾。

事实上，人的大脑拥有巨大潜力，如果你在产后感觉到自己的记忆力不如以前那么好了，可以通过一些健康的生活方式和脑力锻炼，大脑记忆细胞将焕发出崭新的活力，大脑又可以恢复往日的敏捷和聪慧。

第 37 ～ 40 周

宝宝即将出生了，此刻你一定很期待、很兴奋吧！孕期最后一个月，要开始练习拉梅兹分娩法，为分娩做好准备了。在饮食方面，要多吃一些强化膀胱功能及促进乳汁分泌的食物，为产后哺乳做好准备！

孕妈妈的身体变化

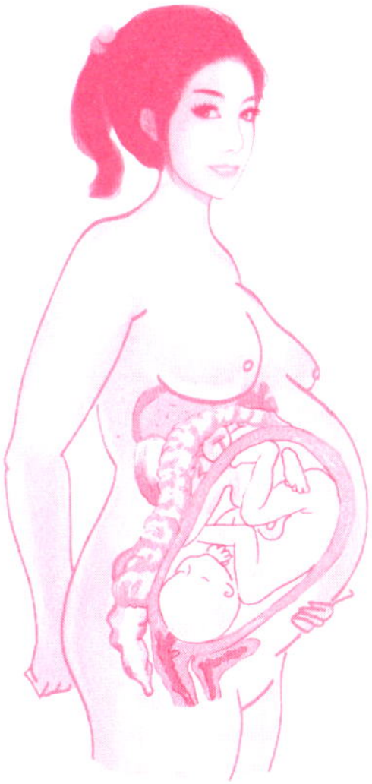

第 37 周，你的子宫大小与上一周相似，体重差不多到达了最高点，与怀孕之前相比增加 11 ～ 15 千克。你单侧乳房的重量已经达到了 400 ～ 800 克，发生阵痛时子宫颈会变软、变薄。

第 38 周，你的肚脐到子宫上部的距离是 16 ～ 18 厘米，耻骨与子宫上部之间的距离则达到了 36 ～ 38 厘米。在怀孕的最后几周里，你的腹部不再继续变大，但身体已经很笨重了。这一时期最好不要采取仰卧的姿势，以免造成呼吸困难和恶心。进行适当的运动可以缓解力气不足和情绪不安的症状。

第 39 周，你的肚脐到子宫上部的距离是 16 ～ 20 厘米，耻骨到子宫上部的距离是 36 ～ 40 厘米。此阶段应避免体重增长过快，最好控制在 12 ～ 16 千克。宝宝位置的下降可能会给你的行走造成困难。

第 40 周，你的肚脐到子宫上部的距离是 16 ～ 20 厘米，耻骨到子宫上部的距离为 36 ～ 40 厘米。你腹部的皮肤时刻处于紧绷的状态，并有可能产生瘙痒的感觉。此外，乳晕的颜色变得更深，你可以感觉到宝宝做好了一切出生的准备。

胎儿的成长

第 37 周，胎儿的体重大约是 2.95 千克，头顶到臀部的长度约 35 厘米，生成了大量的皮下脂肪。

第 38 周，胎儿的体重约为 3.1 千克，头部到臀部的长度为 35 厘米左右，身长则超过 47 厘米。可以通过监护仪来观察其心脏的跳动情况，也可以通过宫缩压力试验确认宝宝的健康状态，还可以做血液抽样检查。

第 39 周，胎儿体重约为 3.25 千克，头顶到臀部的长度约为 36 厘米，身长约 48 厘米。宝宝可能会将脱落下来的头发和汗毛吞进肚子里，一段时间之后就会成为胎便并排出体外。宝宝所有的身体器官都已发育成熟。

第 40 周，胎儿的体重约 3.4 千克，头顶到臀部的长度是 37 ~ 38 厘米，身长达到 48 厘米左右。宝宝占据了整个子宫，几乎再也没有任何移动的空间。尽管这一周是预产期，但宝宝有可能会提前 1 周或推迟 1 周降临到世界上来。

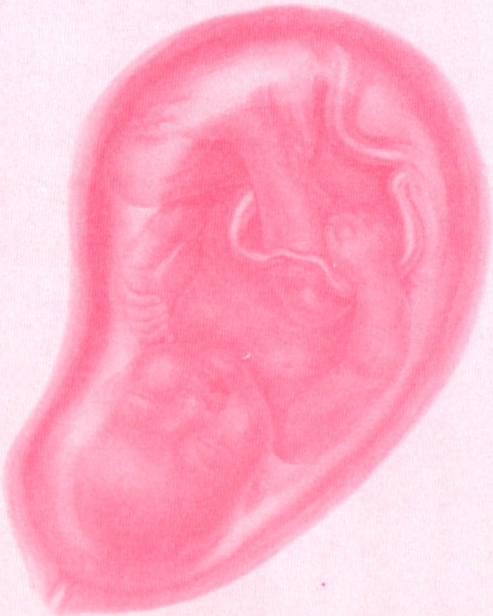

胎教备忘录

饮食习惯——直到分娩之前，你都应该保持良好的饮食习惯，要尽量避免摄入高脂肪和高热量的食物，也不要吃生鱼、生肉。

运动——你可以进行强化阴道肌肉的提肛运动，以及促进血液循环、减轻水肿和痉挛症状的腿部运动。此外轻微的舒展活动也一样可以起到强化韧带及周围肌肉的功效。

母乳喂养——如果你打算母乳喂养，就要继续保持均衡的营养摄取。进行母乳喂养的女性每天要额外消耗 1 778 ~ 2 929 千焦的热量，所以这一时期你应远离各种容易引起肠胃不适或带有强烈刺激性的食物，还应每天保持喝足够的水，并注意补充钙质。此外，还要事先准备好哺乳用的文胸，卡扣在前的那类文胸往往较为舒适。

胃部不适——最好不要一次吃太多的东西，做到少食多餐就不会有胃部难受的感觉。

自然分娩——自然分娩可以避免手术带来的后遗症，分娩后只需要 2 天时间就可以出院，而且之后的恢复期也较为短暂。自然分娩过程中，当宝宝通过产道时你的腰和背会感觉到明显的疼痛，这种疼痛的感觉可能会在分娩之后仍然持续很长时间。如果你的骨盆较小、宝宝的个头又很大等，采取自然分娩会有一定难度。在怀有双胞胎或你患有高血压、糖尿病的情况下，医生会建议采取剖宫产手术。应该根据你和胎儿的健康状况来选择适当的分娩方法。

巧克力是最佳分娩食物——当前很多营养学家和医师都推崇巧克力，认为在各种食物中，巧克力当属最佳分娩食品，完全可以充当“助产大力士”。其理由一是巧克力营养丰富，含有大量的优质碳水化合物，而且能在很短的时间内被人体消化吸收和利用；二是巧克力体积小，发热多，而且香甜可口，吃起来很方便。因此，临产前吃几块巧克力，可帮助你缩短产程，顺利分娩。

饮食胎教

强化膀胱功能

怀孕的第39～40周期间，母体的“足太阳经脉”控制着宝宝的生长，这是一条与膀胱有关的经脉。

胎儿借助母体膀胱的功能在怀孕的最后阶段获得了完整的骨骼和元气，然后才来到这个世上。你一定要食用可以强化膀胱功能的食物，比如海带、紫菜等海藻类的食物。

补充营养

如果你打算喂奶，从现在开始每天要比平时多补充40毫克维生素C，因为宝宝的出生会使你缺乏维生素C。在怀孕过程中一定要坚持补充维生素C，尤其在怀孕的最后一个月里更是如此。

维生素C还可以使伤口快速恢复，如果想尽快摆脱各种产后后遗症的困扰并让虚弱的身体恢复起来，就必须在这一时期进一步增加维生素C的摄取量。补充维生素C的最佳方式莫过于吃蔬菜和水果了，西芹、白菜、青椒、菠菜、橘子、绿茶和莴笋是最佳的选择。

此外，莴笋还可以对乳汁分泌起到明显的促进作用。

促进母乳分泌

你需要在这一时期提前为母乳喂养做好准备。维生素E有促进乳汁分泌的作用，你要多吃一些瘦肉、乳类、蛋类、麦芽等富含维生素E的食物。

如果你打算母乳喂养还要避免吃含有大量脂肪的食物。摄取高脂肪食品容易使乳汁变得黏稠并对喂奶产生一系列的不良影响，因此你在摄取肉类时应尽量只食用瘦肉部分，而且最好避免吃凉性的食物和过咸的菜肴。

运动胎教

在怀孕的后期，阴道产生的分泌物开始增多，并且与平时的分泌物有所不同，混杂着血液物质，这是向你暗示预产期的临近。如果发现阴道分泌出黏液或血液时，最好立刻停止运动并咨询医生。

最后一周，你可以做一些为分娩做准备的呼吸练习，如拉梅兹呼吸法，它是一种针对缓慢阵痛和猛烈阵痛而采取不同对策的呼吸方法，对它的学习和伸展大腿内侧肌肉的运动，可以使分娩过程变得更加顺利。如果感到腹部疼痛，你应立即休息，并通过自己的感觉来分辨这是否属于具有肌肉紧缩等特征的“产痛”。

曲膝观顶

● 将双腿大幅度分开，两臂向侧面平伸。在这样的姿势下一只腿慢慢弯曲，上半身向弯腿的那一侧倾斜。

● 然后一只手向地面伸出，另一只手伸向屋顶，同时双眼向上仰望，注意臀部不能下沉。

功效：可以增加平衡感，并使大腿内侧的肌肉变得柔软起来。

侧卧抬腿

● 在侧卧的姿势下将位于下方的腿微微弯曲或平伸，另一只腿伸直，用手抓住靠上的一只脚使劲向上拉。

功效：可以帮助放松臀部和大腿内侧的肌肉。

蹲坐运动

● 双脚大幅度分开站立，然后慢慢地蹲坐下，双手在身体前方撑住地面。

● 俯下上半身并伸直膝盖，臀部开始向上抬举并站起身来。

功效：放松大腿内转筋。

骨盆运动

● 双脚大幅度分开，屈膝而坐。两手抱住膝盖，一边靠鼻子用力吸气，一边让身体竖直，向前推动骨盆。

功效：可以起到放松大腿内转筋的作用。

● 在从口中吐气的同时背部向后弓曲。

功效：可以使骨盆放松，并解除背部肌肉疲劳。

侧分双腿

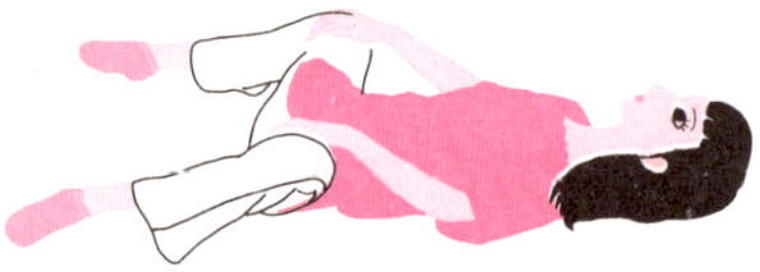

● 平躺，屈腿，将双腿向两侧分开并向上举起。

● 吸气，吐气，同时将上半身抬起，展开膝盖并用双手按住两侧的小腿。

● 静止下来从一慢慢数到五，再次吸气并向后躺下。在重复2 ~ 3次以后，侧躺休息。

功效：可以使大腿内侧肌肉的柔软性得到增强。

按摩胎教

针对产后抑郁症

1. 用双手握住整个脚背，模仿掰开一个苹果的动作进行按摩，重复4 ~ 5次。

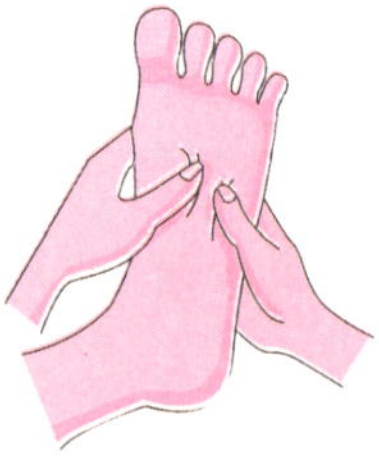

2. 用大拇指和食指依次抓住5个脚趾中的每一个向上提拉。

3. 握住脚底向后扳，重复4 ~ 5次。

4. 用大拇指在脚踝侧边的子宫反射区上依照逆时针方向画圆。

5. 用两手的大拇指从左右两侧对应着挤压脚底中央的涌泉反射区。一共挤按3次，每次4秒钟。也可以用大拇指进行按摩。

针对肥胖、妊娠期高血压综合征和产后水肿

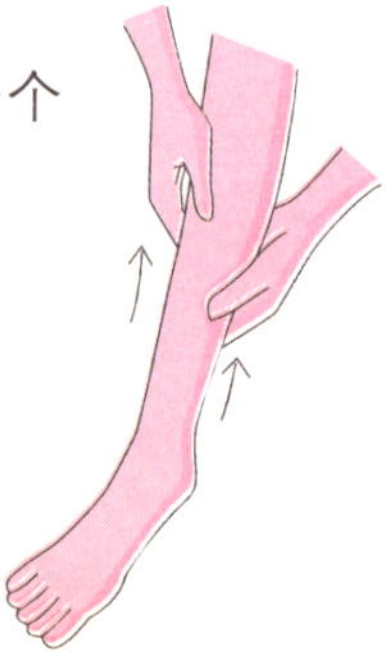

1. 把毛巾敷在脚背上，用双手握住整个脚背，模仿掰开一个苹果的动作进行按摩，持续1 ~ 2分钟。

2. 从脚腕出发向膝盖方向摩擦，对两只脚轮流做这种按摩，持续1 ~ 2分钟。

3. 用大拇指轻按脚底中央的涌泉穴 3 次，每次按 4 秒钟。

促进乳汁分泌

1. 在脚底中央的涌泉穴上按 4 次，每次 3 秒钟。
2. 向着对角线方向的输尿管反射区滑动按摩，重复 9 次左右。
3. 在位于脚踝内侧的膀胱反射区上按压 3 次，每次持续 4 秒钟。

专家忠告：拉梅兹分娩胎教 ★★★★★

什么是拉梅兹分娩法

拉梅兹是不使用麻醉，靠自己的力量将宝宝生下来，能清楚地听到宝宝的第一声哭声，确定宝宝降临到人间的一种自主性生产方式。拉梅兹分娩法是由俄罗斯医生最初发明的，1951 年由法国医生拉梅兹博士整理、介绍给大家，因此被称为拉梅兹分娩法。

这种分娩方法，从妊娠早期开始一直到分娩，通过对神经肌肉控制、产前体操及呼吸技巧训练的学习过程，有效地让孕妈妈在分娩时将注意力集中在自己的呼吸控制上，从而转移疼痛，适度放松肌肉，能够充满信心地在分娩过程中保持镇定，达到加快产程并让宝宝顺利出生的目的。

拉梅兹分娩法的要点

拉梅兹生产法有四大要项：

1. 预先了解生产的生理过程。
2. 平常就练习阵痛袭来时的应对方式及正确的用力方式。
3. 让丈夫陪同生产，两人共同承担阵痛，学习一起克服阵痛。
4. 充分体会以自己的力量完成自然生产的喜悦。

由此可见，拉梅兹法主张的并非是孕妈妈一个人独自生产，而是两人共同完成生产。因此，陪伴一起生产的丈夫，其功能和责任也不小。

练习拉梅兹分娩呼吸法

拉梅兹生产呼吸法能够减缓生产时的疼痛，加速产程进展，有助于轻松顺利地生产。同时在夫妻共同练习的过程中可促进彼此间的感情。

深呼吸

深呼吸，又称廓清式呼吸，有镇静作用，用于宫缩开始和结束时。具体来说：坐、躺皆可，集中注意力，身体完全放松，用力呼气和吸气；吸气时用鼻子慢慢吸气，使气直达肺底，可让准爸爸或家人把手放在腰部，这时会感到肋骨骨架，即胸廓向外、向上扩张，然后用嘴像吹蜡烛一样慢慢呼气，频率较慢。切记不可颠倒练习。

浅呼吸

浅呼吸又称胸部呼吸，能有效地缓解疼痛，用于宫缩的两次深呼吸之间。具体来说：坐、躺皆可，集中注意力，身体完全放松，用鼻子慢慢吸气，气只吸到肺的上半部，让准爸爸或家人将两手放在你的肩胛上，会感到两肩胛有向上提的感觉，然后嘴像吹蜡烛一样慢慢呼气，频率较快。

短促呼吸

短促呼吸也能有效缓解疼痛，用于第一产程的转换期。此时子宫颈尚未完全张开，如果你感觉想向下用力，可用此呼吸来抵抗这种推力。具体来说：坐、躺皆可，集中注意力，身体完全放松，用嘴呼吸，吸入少量的气，然后再吹出，速度要短要快。技巧在于用力吹，比浅呼吸更浅、更快。

如何应用拉梅兹分娩呼吸法

第一产程的应用

宫缩来时你可以先做 1 次深呼吸，然后做浅呼吸，频率根据疼痛情况调整，加速或减速，宫缩结束时再做 1 次深呼吸。如果无效，可每做 4 次短促呼吸，做 1 次深呼吸。

第一产程末过渡期的应用

这时是分娩过程中最疼痛的时刻，此时宫缩最强烈，持续时间也最长，但还未到用力推出宝宝的时候，你会有向下用力的感觉，可采用先做 2 次短促呼吸，跟着做 1 次较长的呼气的方法。

第二产程的应用

你要在宫口开全时用力将宝宝推出，当宫缩来时做 1 次深呼吸，并在能忍受的时间范围内屏息一会儿，同时用力向下推，在两次推的动作之间，做几次深呼吸并在宫缩消失后恢复正常呼吸，以保持体力。

另外在第二产程中还有一个最重要的方法是用力将宝宝生出来，在宫缩来时马上用力推，在无收缩时完全放松休息。方法是先做 1 ～ 2 次深呼吸，双手抱住膝窝处、肘部并保持向外，将两膝抬起，分开两腿，将骨盆底肌肉、腿、脚完全放松。再深深吸一口气，憋住气，向下用力，使肺部内的空气压向下腹部及盆底肌肉，尽可能憋气。如此反复，直到宫缩完全结束。

专家忠告：选择正确的分娩方式

自然分娩是孕妈妈的首选

好的分娩环境不仅可以提高宝宝的智商，还可以对其天性以及与父母的亲密程度等多个方面产生影响。根据科学家的研究结果，采用自然分娩法生出的宝宝比采用剖宫产生出的宝宝智商高 2 点。因为宝宝在经过母体的产道时，身体上的各个组织都受到了一定程度的刺激，而剖宫产手术则不能达到这样的功效。

宝宝身体所受到的刺激与大脑的发育存在着不可分割的密切关系。举个同样的例子，用母乳喂养也可以提高宝宝的智商，这不仅仅是因为乳汁当中含有有益的成分，更重要的是在喂奶的过程中宝宝可以与母亲发生亲密的身体接触，这一点已经成为大家公认的事实。因此，应该尽可能地选择自然分娩的方法。

准爸爸陪产

宝宝的出生对其本身，对爸爸、妈妈以及对整个家族来说都是一件值得庆祝的大事。如果你即将分娩，准爸爸首先要确认如下事项：分娩室是否允许准爸爸进入，医院对采用自然分娩的态度等。如果条件允许，准爸爸最好能陪产。分娩过程中的参与将是准爸爸胎教的最后一站。

大家一起承担分娩的痛苦

即使准爸爸只是表达一下想共同承受痛苦的心意，同样可以起到减轻你的疼痛的作用。现在有秋千助产、唱歌助产、皮球助产等各种新发明的助产方法，但事实上最重要的并不是这些“方法”，而是这些方法所包含的让许多人与你一起承担痛苦的新观念，以及在分娩过程中所营造的积极氛围。

扩展阅读：轻松的分娩方法

采用什么样的分娩方法可以减轻孕妈妈和宝宝的紧张情绪呢？与此相关的研究一直呈上升的趋势。一直以来，最为普遍的分娩方法是让孕妈妈以平躺的姿势生下婴儿，这实际上是属于美国式的分娩方法。

如果将这种仰卧位的美式分娩法与主张坐式分娩或立式分娩的欧洲式分娩法相比，会发现采用仰卧式分娩会增加剖宫产的概率。因此，可以说美式分娩法是一种比较不利于宝宝出生的分娩法。

在孕妈妈可以较为容易地把宝宝生下来的各种姿势当中，有一种蹲坐的姿势在很久以前就被许多国家广泛采用，并已经成为一直延续至今的古老传统。

最近人气不断上升的勒博耶分娩法和水中分娩法也同样属于可以减轻孕妈妈紧张情绪的分娩方法。勒博耶分娩法强调在分娩的时候，产房内一定要保持安静的环境和昏暗的灯光，目的是把给宝宝带来的刺激减小到最低程度。水中分娩法，顾名思义是一种在水中进行的分娩方法，可以减轻孕妈妈在生产过程中所经受的痛苦。由于宝宝出生之后所进入的环境与羊水相似，这种方法同样也可以缓解宝宝的紧张状态。

Chapter

4 主题胎教

日记胎教

如今记录胎儿的成长过程并写成胎教日记已经形成了一股潮流，可以写在日记本上，也可以直接在网上写。你从计划怀孕时就应该开始写，一直记录到宝宝出生，将来宝宝长大后可以与你共同分享这段美妙时光！

日记胎教的意义 ★★★★★

日记胎教是孕妈妈将家里发生的事情、自己的工作经历、对胎儿的期望等，通过写日记的形式，讲述给胎儿的胎教方法。

受到体内激素变化的影响，你在一天内可能时而忧郁，时而感到幸福，感情时刻处于起伏不定的状态。在这种情况下你最好养成写日记的习惯，写的时候心里可以想着将要出生的胎儿，借此来使自己逐渐进入宁静而平和的状态。在写日记时最好能将当天发生的事件以及自己的苦恼、担心、喜悦和感激等情感记录下来，这样做很有帮助。

写日记可使孕妈妈内心平和

你在孕期往往都会有一种不安的感觉，因此，有必要对自己的内心进行一番探索。想要达到这个目的，最好的手段就是写日记。写日记其实是为了更好地了解自己，这样的过程可以使你不安的内心渐渐平和下来，并逐步加深你对胎儿的爱。与准爸爸一起写日记还可以增进夫妻之间的感情。夫妻关系会变得更加亲密，你也会得到一种情绪上的安慰感，这种安慰感则会自然而然地提升胎教的效果。

可以记录每周胎儿与孕妈妈的变化

一本好的胎教日记往往涵盖怀孕期间你和胎儿的所有身体变化，在刚刚得知怀孕消息的日子，第一次感觉胎动的日子，在B超检查时看到胎儿模样的日子，听到胎儿心脏跳动的日子等这些特殊的日子里，你可以把自己的喜悦和神秘感一一记录下来，还可以把在胎教过程中读过的诗句或播放的音乐，你和丈夫之间的深厚感情以及对胎儿的无限期待全部作为日记的内容。

写完一篇日记后可以自己朗读出来，胎儿一定会对爸爸妈妈充满爱意的声音产生愉悦，这样一来就顺便起到了胎谈的作用。你可以用阅读童话书的方法来阅读日记。

写胎教日记已经成为一种潮流

怀孕期间一边写日记一边让自己的内心变平和的过程就是日记胎教。在胎儿出生前写胎教日记，出生后写育儿日记，这是一件多么有意义的事情啊！

如今记录成长过程并写成胎教日记已经形成了一股潮流。越来越多的孕妈妈把胎教日记贴到育儿专题网站上，甚至还有一些热心的女性开始发表“怀孕预备日记”，除此以外，我们偶尔还能看到一些准爸爸们写的相关文章。

日记胎教怎么做

购买自己喜爱的日记本

写日记并不像说话那么简单，怀孕之后即使意识到了有写日记的必要，也未必知道该写些什么。有的时候甚至会觉得这是一件比以前写作业还要困难的事情。

一切胎教方法的根本都是让你的内心变得更加愉快，写日记也是一样。记录胎儿的成长过程并用爱心去进行写作，这就是胎教日记的根本所在。

你首先应该买一本自己喜欢的笔记本。学生专用的笔记本或是带有漂亮图片的手册都是不错的选择。把买来的日记本放在最显眼的地方，好让你在任何时候都可以记录。你还应该把它当作自己在怀孕期间最亲密的朋友，与其分享所有的秘密和心里话。

按自己的想法写

日记的形式并不固定。你可以把它写得很长，也可以写得很短，甚至写成一封信也没有关系。我们建议在睡觉前像与胎儿进行交谈一样把自己想说的话写成一封信。有一点非常重要，那就是，一定要坦率地对待自己。一旦开始写日记就要做好对写下的内容负责的准备。每天都写日记固然是一个很好的习惯，但也没有必要过于坚持。你完全可以根据自己的意愿，在特别想与胎儿对话时，以及有特殊事件发生时写日记。

将消极想法转化为积极想法

你应该将自己的真实想法坦率地写进日记当中，同时也要注意到，在怀孕期间，你的感受并不仅仅是舒适和幸福。

对于即将成为母亲的事实感到不安，担心自己生下畸形儿，担心怀孕之后夫妻之间疏远，这些都是你在怀孕过程中很容易遇到的问题。对此，你首先应该做到坦率地面对他们。一边写日记一边思考，然后让自己的想法逐渐向积极和肯定的方向转变。如果你整天愁眉苦脸、焦躁不安，子宫环境也会跟着越变越差，并最终对胎儿造成不好的影响。

写日记就好像在与胎儿对话

在写日记时，你应该从心里跟胎儿进行对话。除了文字内容以外，还可以把B超检查的照片贴在日记本里。如果拍下自己每个月发生的外貌变化贴在日记本里，今后也一定会成为美好的回忆。在胎儿出生以后你可以把这本日记当作礼物送给胎儿，一定会比千言万语更能传达自己心中的深厚爱意。

写日记有困难可以改为写信

如果你感到写日记压力很大，可以偶尔尝试一下写信的滋味。

信写完之后应当像写好日记一样，用舒适的姿势躺下来并大声地朗读给胎儿听。你的声音将向胎儿传递父母的深厚爱意。

在网上写日记

为将要出生的胎儿在网上做主页也是一个很不错的想法，不习惯使用日记本，夫妻二人可以一起在做好的主页上写胎教日记。

如今有很多与怀孕和生育相关的网站，这些网站为孕妈妈们提供写网络日记的空间，你可以在里面发表自己的怀孕日记。

你可以下载一些提供各种各样的背景图案的写日记用的免费软件。你既可以将日记设置成保密的状态，也可以将他们公开让大众浏览。

内容尽可能丰富多彩

写不好不要紧，就像平时写信那样写，多写写兴趣就来了。写得长一些短一些都可以，内容尽可能丰富多彩一些。例如：胎动时的感觉如何；帮助胎儿"散步""做游戏""做体操"时有什么感想；听了音乐看了图画，心情是否愉快了；准爸爸想出了什么主意使你特别高兴；你也可以写生理上有什么反应，怎么去医院做产前检查，以及对未来胎儿的想象和希望等。当然，你还可以写写怀孕时期的烦恼和不愉快的事情，通过文字宣泄一下内心的感情，不是也很好吗？

胎教日记中应特别记录的内容

1. 反应的起始及消失日期及有哪些明显的反应。

2. 第一次胎动的日期。如做胎动监护，则记录每日胎动的次数。

3. 孕期出血，不论孕早期、中期、晚期都须记录，并记录出血量及持续时间。

4. 孕期患病须记录疾病的起止日期，主要症状及用药品种、剂量、天数、副反应等。

5. 重要化验及特殊检查的结果，如血常规、血型、肝功能检查、B超检查、监护、胎盘功能检测等，都是非常有价值的资料，应妥善保存各种化验单、检查报告单。

胎谈胎教

语言是孕妈妈和准爸爸与胎儿交流的最直接的手段。在怀孕7～8个月的时候，胎儿开始产生意识的萌芽，此时，经常与胎儿进行胎谈可以促进其语言能力的发育。作为准父母，你们不要再犹豫了，赶快开始胎谈吧！

用话语传递爱意的胎谈胎教

孕妈妈及家人用文明礼貌、富于哲理和韵律的语言，有目的地与子宫中的胎儿进行交流称为胎谈胎教。胎谈胎教是孕妈妈和准爸爸与胎儿交流的最直接的手段。以对胎儿的问候作为胎谈的开端，一般来说，胎谈开始得越早越好。

促进胎儿脑部发育

准爸爸妈妈经常与胎儿对话，能促进其大脑发育，对出生后的语言及智力方面的良好发育有重要作用。如果天天给胎儿的大脑输入优良的信息，而且随着胎龄的不断增进而不断给予新的对话内容，就会促进胎儿大脑储存大量知识，并提高脑活动频率，这样的宝宝出生后就会比没有进行胎谈胎教的宝宝聪明。

加深孕妈妈与胎儿之间的亲子关系

由于母子一体相连，你的声波容易传到胎内。准爸爸靠近你的腹部讲话，胎儿也能听到。你运用欢快、明朗、柔和的语音与胎儿交流，不但容易感染胎儿，还可以加深你与胎儿之间的亲密关系。

使孕妈妈的心态变得平和

在怀孕期间你容易情绪急躁不安，特别是分娩的临近往往会给你带来更不安的感觉，与胎儿的对话可以将使你的心境渐渐平和下来。

顺利展开胎谈的要领

给宝宝起一个可爱的小名

刚开始对腹中的胎儿说话可能觉得挺不自然，就像在自言自语一样。与生硬地称呼为“宝宝呀”相比，不如给他起一个小名再开始胎谈，这样，接下来的过程就会变得轻松许多，不仅你不自然的感觉会逐渐消失，与胎儿之间的亲子关系也会变得深厚，从而使你有机会与胎儿进行更为亲密的谈话。

可以取“圆圆”“宝宝”这种非常上口的名字，但名字最好不要有性别倾向。因为这代表了你和准爸爸对胎儿真实性别的尊重态度。

像与朋友一样说话

由于说出的话得不到任何回应，有些人会因此而不感兴趣。

但实际上在进行胎教时，你不应该觉得自己是单独一人，而应该用与身边的朋友交谈的真挚态度和嗓音来诉说自己的心里话。

说话时要注意抑扬顿挫，并尽量做到发音标准；如果能够保持平静、柔和的声音，就不会产生拒绝感。一边深情地抚摸肚皮，一边温柔地对胎儿说话，只要这样做，就可以把母亲的安定情绪完完整整地传递给胎儿。

起床后向胎儿打招呼

在迎接美好清晨的那一刻，为什么不试着向胎儿打招呼呢？这样会使你的心情也渐渐地爽朗起来，不知不觉就做好了迎接快乐一天的心理准备。

胎谈的最佳话题

每次说不同的话题可以对胎儿的大脑起到良好的刺激作用。如果想让胎儿的情绪安稳，就应该经常对胎儿的大脑进行良性刺激。事实上，胎谈时的最佳话题就是你自己的各种体验。

早上起来时

“宝宝，睡得好吗？”“妈妈昨天做梦梦到你啦！你看看这升起的太阳是多么的美丽呀，让我们一起度过精彩的一天吧！”

吃饭时

“今天我们吃鱼，对我们的身体可有好处了，它的味道香浓，咱们一起尽情享用吧！”

“苹果好吃吧？真是又香又甜，据说苹果里有许多的维生素呢！”

去医院时

“今天是定期检查的日子，你的脸、手和脚都长到多大了呢？妈妈很快就可以看到啦！”

“已经做过B超检查啦，宝宝你真是太可爱了。你一定要在妈妈的肚子里乖乖地、健康地长大哦！”

听音乐时

“这是轻音乐，让妈妈从身体到心情都变得舒畅了！宝宝的心情也很不错吧？”

发生胎动时

“呵呵，宝宝这会儿正玩得开心呢，妈妈来陪你一起玩好吗？”

“来，妈妈在这里拍一下，宝宝也来拍一下？嗯，真听话！”

“宝宝的心情可真不错呀。你知道吗？妈妈也和你一样高兴！”

谈话的同时听音乐

胎谈的同时可以做一件非常容易的事情——欣赏音乐。播放你最喜欢的音乐，然后从与音乐相关的事情开始聊起，这样就能够非常自然地进入到胎谈的状态中。在欣赏音乐的同时，你可以把自己对音乐的感觉，音乐讲述的内容以及使用的各种乐器一一介绍给胎儿。

给胎儿唱歌

除了与胎儿谈话之外，把胎儿的小名编到歌词里，或者学一些传统的童谣唱给胎儿听，都是不错的选择。有些妈妈曾经说：宝宝出生后把胎教时经常唱的童谣再次唱给宝宝听时，宝宝会有非常明显的反应。

专家们还发现，这一时期经常欣赏音乐的胎儿在情绪上比其他的胎儿更加稳定。用爸爸妈妈自己作的歌词配上现成的曲子唱给胎儿听，既有趣又能达到胎教的效果，这可真是一件一举两得的事呀。

用谈话的口吻读童话故事

选择好的童话故事，然后用谈话一样的口吻坚持读给胎儿听。最重要的是讲故事时一定要想象宝宝就坐在自己的身边，但必须注意不要读得过于平淡，一定要让自己的声音始终饱含丰富的感情。

从怀孕第 24 周开始，胎儿的听觉就得到了明显的发育，并成为五感当中最为敏锐的一感，因此读童话故事就变成了刺激效果最好的胎教方法。即使不读童话故事，你也可以选择一两篇自己喜爱的小说或散文读给胎儿听，读的时候仍然应该饱含感情。

画出胎儿的小脸当作胎谈的对象

如果觉得一个人说话还是有些放不开，可以把想象中胎儿的小脸画出来，并当作胎谈的对象。这样做可以让你感到宝宝似乎真的就在自己身边，如此一来胎教也将变得更有效果。你可以采取舒适的坐姿，看着胎儿的画像娓娓道来，这样母亲平和安定的情绪就能够渐渐地传递给胎儿。

此外，把漂亮的宝宝图片收集到一起并贴在墙上也是一种方法。就“欣赏漂亮的宝宝图片就能生下漂亮宝宝”这样的想法而言，也可以算作是一种图像胎教的理念吧。

让胎儿常听准爸爸的声音

如今，准爸爸们也纷纷开始对胎教产生了兴趣。因为他们都知道自己在胎教中起着重要作用。

宝宝可以经常听到孕妈妈的声音并对此产生记忆，但是准爸爸的声音对胎儿来说却并不是那么熟悉。与此相仿的是，一体相连的孕妈妈和宝宝之间，早已非常自然地形成了一种亲子关系，而这种亲子关系，对在怀孕和生产过程中，一直只是起到辅助作用的准爸爸来说，往往是可望而不可及的。在这样的情况下，准爸爸们就更应该一有空闲就让胎儿听一听自己的声音，努力使两人之间的感情变得深厚起来。

在怀孕期间，如果准爸爸坚持不懈地与宝宝交谈，宝宝出生之后就能分辨出父亲的声音。上班出门、下班回家的时候可以用“睡得好吗？”“今天在玩什么呢？”“爸爸下班啦！”这样的话向胎儿问好，以此增进准爸爸和胎儿之间的交流。

胎谈时可以正对孕妈妈的腹部，也可以在抚摸孕妈妈腹部的同时进行，此外胎谈过程中还要注意保持充满爱意的语气。要知道，抚摸孕妈妈的腹部就是间接接触腹中的宝宝，因此这一举动也能达到使宝宝的情绪安定下来的效果。

保持积极的言行

胎谈过程中最不能忘记的事情就是传递爱的信号，“让胎儿知道你的无限爱意”，可以说是胎谈的根本所在。“我爱你”“欢迎你的到来”这样积极的话语将使宝宝更加了解自己正被疼爱的事实。

另一方面，你一定要避免消极的言行，因为与其他任何人相比，宝宝能够更快地感知到你的情绪变化。你在视觉和听觉上都要尽可能不接触消极的事物。举例而言，要避免使用“太差了”“不行”等表示否定的词语。

称赞和奖励对胎儿的好处是不言而喻的。去医院做检查时，发现胎动比较明显或是感觉自己身体状态良好时都是夸奖腹中胎儿的大好机会。

请记住，只有保持积极的言行和开明的想法才能为你的胎儿带来积极而开朗的性格。

用餐的时候也不忘胎谈

对于胎儿的健康来说，你的饮食习惯尤为重要。你不仅要积极地摄取营养，还得保持饮食的平衡。无论是正餐还是加餐，都不要忘记在吃饭的同时进行适当的胎谈。

你应该告诉胎儿，自己之所以要吃这些食物都是为了让其变得更加健康。“知道吗？鱼含有丰富的钙质，它让你的骨头变得更结实了。”“苹果好吃吧？真是又香又甜，据说苹果里有许多的维生素呢！”就像这样，把食物里的营养和味道都描述给胎儿听吧！

怀孕各时期的胎谈法 ★★★★

胎谈开始得越早越好，我们建议你从得知怀孕消息的那一刻开始进行胎谈胎教。你可以把自己得知怀孕消息时激动、愉快和幸福的心情说给胎儿听。

孕早期让自己变成话匣子

变成一个话匣子对你来说是理所应当的事情。你可以把一天当中遇到的许多琐事向胎儿一一道来。从早上起床一直到晚上上床，一天中肯定会发生很多事情，就从向胎儿简单地打招呼开始胎谈吧！总之要通过这些内容来把一个母亲的情感生活完整地表达出来。

你或准爸爸可以就像和对方聊天一样把一天里发生的事情说给胎儿听。当然日常生活当中所发生的不可能都是好的事情，但既然交谈的对象是还未出世的胎儿，那何不按自己的意思选择一些积极的、正面的话题呢？

除此以外，你还应该把自己对胎儿能平平安安地成长，不受流产等问题困扰的期望告诉胎儿。

孕中期尝试一下胎动游戏

怀孕 16 周之后，你就开始逐渐感觉到胎动了。在感觉到胎动时，可以尝试进行胎动游戏，作为对胎儿的称赞和奖励。

胎动游戏第一步，保持舒服的姿势并等待胎儿做出踢腹壁的动作。如果有了“呀，宝宝开始踢我了”的感觉，要立刻轻拍踢的部位。只要重复几次这一动作，胎儿就会再次踢那个位置。

如果胎儿作出了反应你就可以进入第二步了，找到与踢中的部位，然后轻轻地拍打那里。这样胎儿就会踢那个部位，你则可以说一些表扬的话。在实际过程中，想达到这一步并不容易，所以即使胎儿没有作出任何反应也不要失望，只要坚持不懈地做下去就一定可以收到效果。

若第二步也获得成功就可以进行第三步了。在拍打腹部的同时开始数数。一边念“啪啪”一边拍打腹部两次，这时，你就可以觉察到胎儿相应地传来两次回应。

每天最好做 2 ～ 3 次胎动游戏，并且最好选在休息的时间，以闲暇的心态进行。也许一开始不会有明显的反应，但只要坚持不懈地尝试，就能最终达到在胎动中与胎儿进行交流的目的。

孕晚期将各种事物的名称告诉胎儿

只要经常让胎儿听到爸爸妈妈的谈话，他就能对这两种声音作出分辨。胎儿的记忆能力是在怀孕第 24 ～ 32 周形成的，所以这一时期，让胎儿在胎谈时接触文字卡片或是动物名称就可以起到非常好的效果。

此外，无论胎儿接触了什么，学习了什么，请你都不要吝惜使用“宝宝，你太棒了”这样的赞扬话语。

随着分娩的临近，你自身往往会产生一种不安的感觉。因此这时应该尽量向胎儿传达一些与顺产有关的期望。“我们的宝宝长什么样呢？”就用这样的语句来表达我们急切等待宝宝出生的美好心意吧！

小贴士

胎谈时说话音量不可过大

进行胎谈时你应面带微笑，同胎儿讲话的音量应是我们平常说话时的音量，大约在 60 分贝，腹中的声音音量为 30 分贝，所以只要以平日的音量说话，胎儿在腹中听到的声音的音量就超过了 90 分贝。100 分贝的声音对成人而言只相当于从眼前经过的地铁的噪声，但对胎儿来讲却是相当吵闹的高分贝音量。过度的噪声会使胎儿吞咽羊水，使羊水量减少。由于胎谈胎教法的好处在于能够将你的情绪、思想、语言传达给腹中的胎儿，所以，建议你多用爱去关爱胎儿，多思考、多学习、多与他说说话，千万不要懒惰或经常性地情绪不好。否则，你将来的宝宝会有可能是一个怠惰、散漫、思考能力差、脾气暴躁的小孩哦！

音乐胎教

音乐是胎儿最好的精神食粮，播放你喜爱的音乐时，胎儿也会津津有味地欣赏，心情也会变得愉悦起来。那么，你应该什么时候听音乐，听什么样的音乐？怎样听音乐的效果最好？让我们一起来了解吧！

音乐胎教的含义

音乐胎教是利用优美的乐曲，陶冶胎儿情操，调解孕妈妈情绪的胎教方法。音乐胎教又分为母唱胎听法、母教胎听法、器物灌输法、音乐熏陶法、朗诵抒情法。在实施音乐胎教的过程中，你可以综合运用运动胎教和按摩胎教，甚至情绪胎教，以便为胎儿的发育创设安静、平和的生长氛围。

宝宝也懂得倾听音乐

音乐在我们的生活中扮演着极其重要的角色。有时它使我们兴致高涨，有时它为我们解除忧愁。如同清凉饮料一般的音乐，无论对你还是对胎儿都可以起到相同的积极作用。然而有的人会提出疑问：孕妈妈在家中欣赏音乐，胎儿果真可以听得见吗？

答案是肯定的。孕妈妈能够听见的音乐，胎儿基本上也都能听见。牛津大学出版社出版的《音乐的开端：音乐能力的起源与开发》一书对相关的最新研究结果进行了介绍，书里写道：尽管怀孕 28 周以后胎儿的耳朵才具备完整的外观，但从第 3 个月开始胎儿就能听见声音了。子宫里的胎儿可以听见孕妈妈消化食物的杂音，循环系统内体液的流动声，以及孕妈妈的说话声和外界传入的各种声响。

怀孕第 20 ～ 24 周，胎儿已经具有相当发达的听觉能力，在听见外部传来的声音时，其心脏跳动会作出变快或变慢的反应。就是因为胎儿可能听见外部的声音，让胎儿倾听音乐的音乐胎教才会对其产生影响。有研究结果表明，接受过音乐胎教的宝宝和没有接受过音乐胎教的宝宝比较，前者注意力更为集中。因此，你在这一时期一定要让宝宝多听听音乐。

音乐胎教的效果

帮助胎儿情绪安定，注意力集中

音乐胎教会对胎儿产生怎样的影响呢？总的来说，它会影响到胎儿的神经发育。在 1998 年的《纽约时报》上曾刊登过一篇文章，描述了音乐对神经所起到的作用，并且预测在未来音乐将在医学领域里产生巨大的影响。

听音乐可以适当地刺激感官，使肌肉得到放松并促进大脑活性激素的分泌。正因为如此，欣赏音乐才会使心理状态安定下来。

在倾听节奏柔和、旋律优美的音乐时，不仅你自己的情绪变得安定，而且还会将这种情绪传递给胎儿。当听到让自己愉快的声音时，人的大脑会产生强烈的电波，这种电波往往在大脑活性增强时才会大量散发出来。这一事实证明了音乐足以起到让大脑环境产生积极变化的作用。

促进胎儿脑部发育

人类的脑细胞在数量和形态上并不具有个体差异，但脑细胞之间联络路线的多少决定脑的发育程度。怀孕 20 周以后胎儿的脑部就已相当发达，脑细胞数量接近成人的 140 亿，这时给予其一定刺激就可以使连接脑细胞的线路增多，从而对脑部发育产生明显的作用。

在帮助脑部发育这一方面，听觉足足起到了 90% 以上的作用，这恰恰也是另一个可以证明音乐胎教重要性的理由，音乐可以刺激主管各种感觉的右脑半球，只要持续倾听音乐，人的想象力和创造力都会有所上升。胎儿时期就喜欢上音乐，这样的宝宝在出生以后一定会在语言、集中注意力和感性上显示出一定的优势。

孕妈妈可以利用以下方法增强胎儿对音乐的触觉感受

1. 搓一搓（用手掌在整个腹部表面上转圈揉搓）。
2. 敲一敲（手指尖立直，然后在整个腹部表面上敲打）。
3. 擦一擦（展开手掌并从上向下擦拭）。
4. 挤一挤（用手指将整个腹部自然地挤聚在一起）。
5. 按一按（用手掌在整个腹部上均匀地按）。

可以加深父母与胎儿的感情

音乐欣赏、唱歌、使用乐器等音乐胎教，不仅可以使胎儿在情绪上、心理上、精神上和身体上健康、完整地成长和发育，还可以更加有效地加深胎儿与父母之间的亲情。

只有在亲人之间才可能形成的亲情会让胎儿感到自我的存在，并使其安稳地成长。不仅是你，准爸爸参与到音乐胎教当中也显得格外重要，这是因为胎儿可以感受到父母之间依然存在的感情的缘故。

哪些音乐适合胎教 ★★★★★

古典音乐

人们在听到某些声音的时候会有一种愉快安稳的感觉，因为那些声音包含着生命的节奏。这种节奏的专业术语是“1/F 波动”，这种波动可以消除人类的不安感。

古典音乐正是因为含有大量的这种波动才会在胎教音乐中占据不可动摇的地位。这也就是为什么我们每次提到胎教都会首先想到古典音乐。然而，这并不意味着只有古典音乐才适合当胎教音乐。

如果你平时对古典音乐没有兴趣的话，勉强去听不想听的东西只会适得其反。在这种情况下，古典音乐带给你的不可能是平和的心态，反而有可能是一种相当巨大的压力，那样下去唯一的结果就是对胎儿造成危害。选择胎教音乐必须以你的喜好为依据。只要能合乎自己的口味并带来平和、幸福的感觉，无论什么样的音乐都可以作为胎教音乐。

孕妈妈喜欢的音乐

一切胎教方法的基础都是在减轻你压力的同时让你保持心态平稳，音乐胎教也不例外。抱着一定要进行音乐胎教的想法去听一些连自己都不感兴趣的音乐，会使你难受，也可能会对你造成相当大的压力。你的各种心态都可能原封不动地传递给胎儿，所以在这种情况下进行音乐胎教有可能适得其反。

在进行音乐胎教的过程中，你通过欣赏音乐获得情绪上的安定，与此同时这种安定的情绪还会传递给胎儿。所以与音乐直接对胎儿产生的影响相比，你在鉴赏音乐时产生的情绪反应对胎儿的影响更为深远。正因为如此，我们一定要把你的喜好当作最重要的胎教音乐的基准。

为了能在怀孕期间顺利地进行音乐胎教，你最好在平时养成欣赏音乐的习惯。胎儿只会对你喜爱的音乐作出最敏感的反应，因此你不仅要根据自己的喜好选择音乐，还要在欣赏的时候保持平和、愉悦的心态。

节奏规律、旋律平和的音乐

胎儿最熟悉的声音就是你的心脏搏动声，因此与这个节奏相似的音乐，即每分钟 60 ～ 70 拍的音乐，最适合当作胎教音乐。

与悲伤的曲子相比，节奏规律、旋律平和、能创造温馨氛围的音乐可以对积极情绪的调动起到更大的作用。

增加触觉感受的音乐

你可以在说出某一个单词的时候做出与此单词相对应的动作，这样就可以让胎儿将自己的耳朵听到的和身体感觉到的东西联系起来。举例而言，你可以在轻轻拍打腹部的同时说“拍拍肚子”，这样胎儿就可以在听到这个单词的同时加深其触觉上所留下的印象。你可以在哼唱熟悉的童谣或民歌的同时，配合其节奏进行一些能够使胎儿产生触觉感受的活动。

音乐胎教的方法

在舒适的状态下欣赏音乐

在决定听哪一类胎教音乐的同时还要选择相对应的胎教方法。尽管没有必要为欣赏音乐做什么特别的准备，但在欣赏美妙乐曲时注意保持舒适的姿势对你来说仍然非常重要。你可以坐在舒适的沙发里或躺在床上，在欣赏音乐的同时解除全身的紧张状态。此外音量要适中，这样才能带给胎儿柔美的感觉。

有许多孕妈妈很重视音乐胎教，从早到晚一刻不停地听音乐，同时却做着一些其他的事情，比如洗碗、读书或者扫地。能够保持积极态度一心一意地进行音乐胎教往往可以为你带来更佳的效果。在舒适的姿势下尽情品味音乐的柔美，并对胎儿讲述与音乐有关的话题就是一种非常合适的方法。此外，比起从早到晚不停地播放音乐，每天只听 1 ～ 2 个小时才是较为恰当的选择。

孕妈妈听音乐时可用以下方法放松心情

1. 播放古典音乐或其他喜爱的音乐，然后随着节拍动起来。
2. 在移动身体和举起双臂的同时调整自己的吸气和吐气频率。
3. 让身体向左右移动的同时重心也跟着移动。
4. 双臂举过头顶之后依照顺时针或逆时针方向画圆。
5. 将一只手臂平举，与肩同高，然后将腰部移动到重心轴上，再向左右移动手臂。
6. 双臂在身体前方画圆，然后在向左右方向移动身体和臂膀的同时重心也跟着转移。

选择合适的乐器

音乐胎教对于很多人来说可能并不陌生，经考证，其显著效果，更是古来有之。准爸爸也可以通过和弦齐特琴、哗啷棒等乐器在胎教中尽一份力量。这些音乐元素会对胎儿的脑部产生刺激并对其智力发育起到很大的作用，胎儿会对旋律中的音色和节奏等基础概念留下印象，从而在保持安定情绪的同时健康地成长。

下面就为准爸爸介绍一些常见的胎教时可以使用的乐器，当然要依照孕妈妈的喜好来进行选择哦！

木琴

木琴是打击乐器的一种，又名“巴拉风（balafon）”。它的原理是将木制琴键置于共鸣管之上，用琴棒敲打以产生旋律。木琴琴键排列方式类似于钢琴键盘。它的琴键较窄，音域较高，音色清脆，是一款非常适合于音乐胎教的乐器。使用木琴胎教时，可以将木琴放在孕妈妈的腹部上，然后一边唱歌一边轻轻地演奏。这时准爸爸可以承担演奏的任务。木琴是一种可以发出清脆声音的乐器，演奏时如果琴身碰到孕妈妈的衣服就有可能影响音色，因此要多加注意。在调整好位置后，准爸爸可以用合适的音量演奏简单熟悉的乐曲。

和弦齐特琴

和弦齐特琴是一种民间乐器，是由中世纪拨弦乐扬琴（psaltery）演化而来的，它的结构是一个扁平的木质共鸣箱，上面张以 4 根或 5 根旋律弦和多达 37 根的伴奏弦组成。旋律弦靠近弹奏者，用左手指上的拨子拨奏。伴奏弦可用任何一手

的手指拨奏，声音非常好听。

在音乐胎教的过程中，准爸爸应该把和弦齐特琴放在孕妈妈身边进行演奏，在演奏之前要记得先针对曲目进行调琴。演奏过程中，孕妈妈和准爸爸都可以把琴声当作伴奏来进行跟唱，这样可以起到更好的效果。

哗啷棒

哗啷棒是一种十分简单的乐器。它的顶端是用绒线做成的，内部的小球会发出“哗啷”“哗啷”的声音。哗啷棒十分容易上手，使用起来也极为方便。比如可以在唱歌的同时按照节拍摇动哗啷棒，对孕妈妈整个腹部进行良性的刺激。

小贴士

准爸爸和孕妈妈在给宝宝进行音乐胎教的同时，也可以踩着拍子移动脚步。在孕妈妈进行肢体活动时，腹里的胎儿也有可能感受到其中的节奏。此外，借助丝带、舞巾和毛线小球等用具来活动身体，可以帮助孕妈妈和胎儿获得更多的氧气，并促进母子之间的亲情，使之逐渐变得深厚起来。

哼唱歌谣

音乐胎教最主要的方法就是唱歌、跳舞和欣赏。唱歌对于你和准爸爸来说是很容易实施的胎教手段。妈妈的声音对胎儿的耳朵来说是最重要的声音源泉，而唱歌又是最自然的展示自己声音的方式，所以你应该用歌声把自己的感情传递给胎儿。而准爸爸也要以唱歌的方式参与到一家三口之间亲情交流的过程中。

古典歌谣往往具有民间语言和文化的特征，所以容易被人们学习和接受，我们可以把这些歌谣当作最基本的胎教素材。

你和准爸爸可以自己填词，唱民歌和童谣，以强化胎儿与你们之间的感情。自创作品的好处在于它可以加强胎儿与你们之间相互交流的感觉。准爸爸和孕妈妈可以把对胎儿的爱称加入到创作的内容中，再唱给他听，这也是一种与胎儿进行心灵沟通的有效手段。

边听音乐边跳舞

跳舞可以使整个家庭的气氛活跃起来，并达到健身的效果。你可以使用舞巾和丝带，也可以在播放柔和音乐的同时踩着拍子跳舞。你和准爸爸在爱的氛围下共同起舞也是非常不错的选择。

欣赏与冥想

欣赏音乐是一种可以给予最为丰富的感官体验的音乐胎教法。在实行这种以欣赏为主的方法时，可以选择比较容易吸引注意力的、形式分明、内容淡雅的古典音乐。巴赫的《G弦上的咏叹调》，亨德尔的《水上音乐》，莫扎特的《g小调交响乐第一乐章》以及帕海贝尔的《卡农》等都被广泛推荐为胎教音乐。

除此之外，乔治·温斯顿的轻音乐就好像现代的音乐剧作品一样，可以给人带来轻松的享受。妇产科专家史沃茨博士曾说：“我们发现分娩时播放音乐可以减少孕妈妈的紧张感觉，并对她起到镇定的作用。”

专家倡导孕妈妈在欣赏名曲的同时，冥想自己对宝宝的爱。在这一过程中，孕妈妈会很快进入平静舒适的状态，而胎儿也将感受到妈妈对自己的深深爱意。

此外，你和准爸爸还可以和着拍子尝试慢慢地跳舞，这样可以使整个家庭的气氛变得更加温馨。

小贴士

这些曲目适合于音乐胎教：

马斯奈的《泰绮丝冥想曲》　巴赫的《G弦上的咏叹调》
莫扎特的《小夜曲》中的《浪漫曲》　威廉姆斯的《绿袖幻想曲》
柴可夫斯基的《睡美人圆舞曲》　巴赫的《耶稣，人们仰望喜悦》

音乐胎教的注意事项

注意胎儿的活动规律

胎儿总是在重复一种睡眠 2 ～ 3 个小时后再活动约 30 分钟的规律生活。为了避免过响的声音把睡梦中的胎儿吵醒，可以在感受到胎动时听一些轻快的音乐，在其沉睡时则欣赏比较平静柔美的曲调。除了正式的音乐以外，你可以自己哼一些摇篮曲或读一读童话故事以增加胎儿的安定感，并借此达到音乐胎教的效果。

注意控制音量的大小

美国佛罗里达医科大学的研究人员曾得出这样一个结果：如果孕妈妈说话的声音在身体之外被测定为 72 分贝，子宫内部听到的声音将达到 77.2 分贝。很吵的噪声和突然发出的响声都会给胎儿带来压力。根据观察，在这种情况下胎儿的呼吸会不规律，可能还会做出吞咽羊水的动作。

胎儿最熟悉的声音就是妈妈的心脏搏动和器官运作的声音，所以我们应该尽可能地把音乐的音量大小调整到与其相近的程度。

选择合适的时间

无论是从早到晚都背负着一定要进行音乐胎教的义务感，还是强迫自己去听不感兴趣的音乐，都只会对胎教产生负面的影响。进行音乐胎教的根本目的在于让孕妈妈和胎儿的情绪安定，当你感到厌倦或产生反感时，应果断地停止。

多让胎儿听听自然的声音

胎儿也热爱自然之声。在听到鸟儿的鸣叫、溪水的潺潺流动以及风吹树叶的声音时，不仅你的内心会感到一阵清爽，胎儿随着你在情绪上的变化，感情也将变得越来越丰富。

与此正好相反的是，关门时发出的巨响、瓷碗打碎的声音、夫妻之间的争吵和刺耳的电话铃声会使胎儿受到惊吓并作出很大的反应。时常听到这类声音，胎儿的情绪很容易变得烦躁，所以孕妈妈一定要多加注意。

不同时间段的不同音乐

早晨起床后

柴可夫斯基的《睡美人》中的《波兰舞曲》《如歌的行板》《小进行曲》。

莫扎特的圣乐曲《春的序曲》，舒伯特的《音乐瞬间》的第三首。

贝多芬的第六号交响曲《田园》，小约翰·施特劳斯的《蓝色多瑙河》。

格里格《培尔·金特》中的《早晨》《索尔维格之歌》《阿拉伯舞曲》《安妮特拉之舞》。

用餐时

柴可夫斯基的《胡桃夹子》中的《花的圆舞曲》。

亨德尔的《弥赛亚》中的《哈里路亚》。

巴赫的《d小调管风琴托卡他与赋格曲》，《法国组曲》的第六首《波兰舞曲》《管弦乐组曲》。

德沃夏克的《斯拉夫舞曲(作品e小调46之1、2)》。

肖邦的《军队波兰舞曲》《离别曲》《雨点前奏曲》《即兴幻想曲》。

莫扎特的《一首小夜曲》中的第四乐章回旋曲。

胎动明显时

德沃夏克的《诙谐曲》。

勃拉姆斯的《第五号匈牙利舞曲》《圆舞曲(作品39之15)》。

肖邦的《第七号圆舞曲》，约翰·施特劳斯的《春之声圆舞曲》。

贝多芬的第一交响曲中的《小步舞曲》，莫扎特的《小步舞曲》。

阿尔贝尼斯的《探戈》。

休息时

柴可夫斯基的芭蕾舞曲《天鹅湖》，维瓦尔第的《金翅雀协奏曲》。

克莱斯勒的《伦敦德里小调》《天使小夜曲》《罗曼史》《爱的悲伤》《十四行诗》《幻想曲》。

莫扎特的《小夜曲》，托斯蒂的《小夜曲》，古诺的《小夜曲》。

威尔第的《弄臣》中的《女人善变》《美女如云》。
海顿的《小夜曲》。
史特拉汶斯基的《普钦奈拉》中的《小夜曲》。
亨利·曼西尼的电影《蒂凡尼的早餐》中的插曲《月亮河》。
贝多芬的《悲怆奏鸣曲》第二乐章《如歌的行板》。

睡觉时

舒伯特的《摇篮曲》《圣母颂》《野玫瑰》。
勃拉姆斯的《摇篮曲》，贝多芬的《致爱丽丝》《月光奏鸣曲》。
戈达尔的《约瑟兰的摇篮曲》，克莱斯勒的《摇篮曲》，德彪西的《月光》。
夏农的《爱尔兰摇篮曲》，格什温的《夏日时光》。

幸福妈妈经验分享

人们说怀孕早期比较容易流产，那会儿我总是一个人待在家里，并且尽可能地减少活动，一段时间下来觉得有些烦闷，这时其他怀孕的朋友向我提出了尝试音乐胎教的建议。我当时觉得那几乎是无稽之谈。我觉得很奇怪，音乐胎教就是在家里放音乐听，能从中学到些什么吗？

后来我还去专门教授音乐胎教的地方报了名，接着就开始了相关的学习。我渐渐了解到音乐胎教并不是单纯地听听音乐，还包含了韵律体操和乐器演奏等各种各样的方法。听一听柔和的音乐并跟着摇动身躯可以起到非同寻常的运动效果，使人的身心变得轻松、愉快、舒适。平躺下来把木琴放在孕妈妈肚子上进行演奏，胎儿就会显得心情愉快并作出表示新奇感觉的胎动反应。

在家里老公也会不时地自弹自唱一番，每到这时胎儿就会变得活泼起来。尽管在提到音乐胎教时人们首先想到的是听古典音乐，但我认为在选择歌曲上应该根据自己的喜好。

如今，我能和漂亮的女儿一起听音乐了。在播放胎教时听过的音乐时，好像唤起了她的记忆一般，微笑出现在她的小脸上。音乐把我的爱心完完整整地传达给了她，对此我感到非常满足。

视觉胎教

近年来，视觉胎教也逐渐被大多数人接受，对名画进行鉴赏、给图案上色、自己作画等都属于视觉胎教。视觉胎教主要在怀孕中晚期进行，通过视觉刺激训练胎儿的感性能力。所以，及时对胎儿进行视觉胎教很重要哦！

视觉胎教的意义 ★★★★★

给予胎儿视觉刺激

宝宝要长到 8 岁时才能具备与成人一样的视觉能力。我们切不可因此而疏忽对胎儿进行的视觉刺激。胎儿在视觉上接受的刺激同样会对其情绪产生明显的影响。

照射到妈妈眼睛里的光线会对一种叫做褪黑激素的物质产生调节的作用，使胎儿的眼前也相应地产生明暗的感觉。当看到明亮物体的时候，褪黑激素的分泌量会下降，看到昏暗物体的时候上升，这一点使胎儿也具备了辨别外界事物明暗的本能。

促进胎儿脑部发育

在怀孕的第 24 ～ 28 周之后胎儿具有了五感，美术正是能够有效刺激五感的胎教内容。胎儿的脑部在有所感受的时候才会快速发育，全面地刺激胎儿的五感有促进胎儿大脑发育的显著功效。

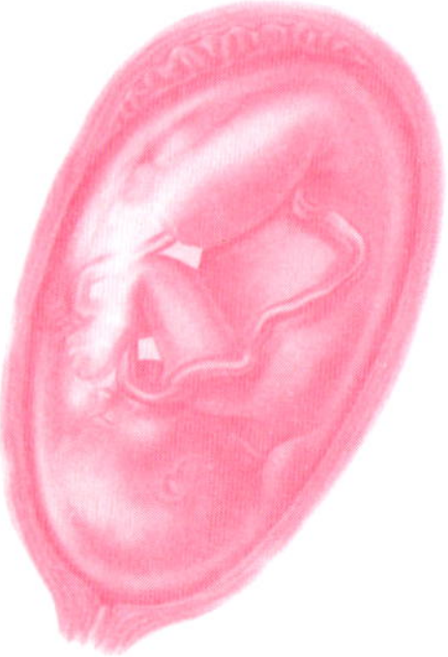

视觉胎教的素材

如果你平时对美术毫无兴趣，却因为怀孕而强迫自己去美术馆或画展，那么很难真正产生什么特殊的感觉和印象。在这样的情况下，和准爸爸一起去看场电影，漫步在夜景迷人的步行街或者看一看可以带来美好回忆的照片则是较为明智的选择。

无论是真实的风景还是照片，只要能让你心态平和，引起你欣赏的兴趣，就可以称得上是视觉胎教最好的素材。

视觉胎教的方法

利用画册

如果居住区的文化氛围不浓或附近没有美术馆，可以借助画册进行视觉胎教。在选择画册时，你应把自己的爱好当作最为重要的基准，与其选择一些受到别人称赞的“杰作”，不如选择一些自己所熟知和喜爱的画家的作品。

参观画展或去美术馆欣赏名画

欣赏好的画作就和听到优美旋律、阅读感人的文字一样是一种美的享受，此时人的内心会变得安定，甚至会有一种被净化的感觉。参观摄影作品、画作、雕刻、陶艺和版画的画展将对胎教起到很大的帮助。

小提琴家朴有真的妈妈在怀孕时，曾乐此不疲地前往美术馆和音乐会进行艺术胎教，这让人联想到，正是这种经历使朴有真的感性能力在胎儿时期就得到了锻炼。

即使一周只有一次，能够和准爸爸一起前往最近的美术馆或画展，接触各种各样的画作无疑将给胎儿带来极大的享受。况且步行去场馆，孕妈妈还能锻炼身体，何乐而不为呢？对于常常待在家里的孕妈妈，出一趟门也会使你与胎儿之间谈论的话题变得丰富起来。

浏览网上画廊

生活在信息时代的我们并不一定非要去美术馆或画展才能欣赏到美术作品。有一个去处可以使你能够非常轻松地鉴赏美术作品，那就是网上画廊。经常上网的孕妈妈可以在网上搜寻这样的网站，并把它们当作进行日常视觉胎教的场所之一。

绣十字绣

锻炼手指可以使脑部变得发达

我们都知道锻炼自己的手指可以使脑部变得发达。在进行手工作业时，手指上的神经会对脑部产生一定的刺激作用，所以一直以来，我们都非常注重让儿童参加动手的活动。

需要进行手工作业的活动有折纸、陶艺、缝纫和编织等，其中因技法简单、费用低廉而广受大众欢迎的则当属十字绣了。做十字绣可以使你的心情很快得以平静，对提高集中注意力的能力也有一定的作用。

孕妈妈的色彩感也可以得到提升

在一幅十字绣作品里往往要用到数十种颜色的丝线，所以在一针一线的编织过程中，你的色彩感和调和颜色的能力也不知不觉得到了提高。你如果能在怀孕时多接触一些美丽的颜色和形状，生出的宝宝也将拥有较高的审美能力。

不要让自己太疲劳

刺绣使人眼光和神经都集中在了针尖那一点上，所以很容易产生疲倦的感觉；另一方面，你也不适合长久保持刺绣的姿势。因此，你最好把每次刺绣的时间控制在 1 个小时之内。

此外，刺绣可以陶冶性情，宁静心态，是一种修身养性的过程，不可当成任务，过于形式。最好在腰后垫一个垫子，在舒适的姿势下完成这项活动。你还可以在刺绣的同时与胎儿聊天。可以说一说正在为其制作的东西，比如枕头、围兜和儿童被等，也可以说对各种颜色的喜好，最好能在刺绣的同时达到胎谈的效果。

自己动手作画

在雪白的画纸上将自己的感情表达出来并不是一件容易的事情，对于认为自己完全没有美术细胞的人来说，更是如此。

事实上，做美术作业就像接受心理治疗一样，可以达到释放内心情绪的目的，这种能够缓解压力的活动所起到的胎教效果比鉴赏画作高出数倍。不管怎么样，强迫自己作画是毫无意义的，所以请带着愉快、自愿的心情参与这项活动吧。

我们所画的并不是要拿给别人欣赏的作品，所以不一定要画得非常完美。比起作品完成的好与坏，我们更应该关心的是，在作画的时候自己是否做到了一直保持镇定，以及是否有与胎儿共同参与的感觉。

如果你平时就经常进行艺术鉴赏，这种习惯在进行胎教时就可以提供很大的帮助。你在生活中不仅要学会从普通的事物中发现美，还要想象如何用图画将这种美表现出来。

用不同的色彩和素材进行绘画

在进行视觉胎教时要尽可能多地接触不同的色彩和素材。可以尝试着用蜡笔、颜料和彩色铅笔绘画。蓝天、白云或是胎儿漂亮的面庞等都可作为素材。甚至可以对着从医院带出来的 B 超图片画一画现在的模样。除了绘画之外，捏泥人和剪纸也同样是极具趣味的美术活动。

装饰家居

装饰家居也是视觉胎教的一部分，从视觉的角度给胎儿带来积极的影响，是你这一时期有必要给胎儿进行的胎教内容。以胎儿为中心重新把房间装饰一番吧！进行这一活动的最佳时期是怀孕第 20 ～ 32 周。你首先可以养一些绿色植物，感受到自然的气息。在看到绿色植物时，你会自然而然地产生平静的感觉，而植物释放出的香气还可以起到使大脑更加清醒的效果。此外，换上不同颜色的窗帘和坐垫也可以起到调节气氛的作用。

挂上名画或贴上以美丽风景为内容的明信片和照片也是很好的方法。有的孕妈妈还喜欢把漂亮宝宝的照片放在家中。除此以外，悬挂具有特殊意义或是能受到感动和教育的作品则是最佳的选择。

总之，如果你经常置身于美观、舒适、愉快的环境中，会给胎儿带来良好的影响，宝宝出生后会聪明得多。

幸福妈妈经验分享

我怀孕的时候，就在冥思苦想到底应该采用什么样的胎教方法。那时我刚好看到一个做十字绣的小店，尽管平时要去上班，但我仍有充足的休息时间织十字绣。在织十字绣时手指要不停地动，这样不仅对胎儿的脑部发育大有好处，还可以培养胎儿的色彩感和美感。我对织十字绣的热情很高。刚开始的时候我只能做一些手机链，后来水平慢慢提高到能做围兜、内衣。在欣赏优美旋律的同时一针一线地织成一样作品，等到完工的时候会有一种极大的成就感。此外，把做好的十字绣裱在相框里送给朋友，也可以使心情变得愉快起来。这种兴奋的感觉也同样会传递给胎儿。如今我的儿子已经一岁多了，不知道是不是我织十字绣的缘故，他对做东西、折东西、剪东西这样的事表现出了很明显的兴趣。都说宝宝只有多动手才能使头脑发育得更快，对于我的儿子来说都不用去教他，他自己就喜欢上了各种动手的活动。连幼儿园的老师都说，她从来没有看到过对手工这么感兴趣的宝宝。

童 话 胎 教

童话胎教是除音乐胎教和胎谈胎教外最重要的胎教，从孕中期开始，直到分娩，你应该每天抽出一点时间为胎儿讲童话故事。在进行童话胎教时，你可以展开丰富的想象，让自己沉醉在童话的神奇王国里。

童话胎教好处多

可以对胎儿产生良性刺激

以图画、思考、经验、知识和习惯为依据，在人类脑海中形成的印象对我们来说是非常重要的，它的形成需要经过外部信息的持续输入、大脑进行数据处理和储藏这两个步骤。

印象的形成离不开脑细胞和脑细胞之间形成连接的有机过程。这种连接称为神经网络。

胎教的各种措施就是输入良性信息刺激，读童话书是刺激胎儿神经网络的方法之一。用妈妈的声音读出的每一个美丽童话都将给胎儿带来好的影响。

倾听声音的过程并不是单纯地通过耳朵来进行的，胎儿往往要运用自己的整个身躯来接受外部的信息。所以你如果能够带着丰富的感情朗读，就可以促进胎儿感性能力的发育。

与胎儿交流起来更轻松

与胎儿进行交流并不是一件容易的事情。我们都知道胎谈的重要，但具体操作起来却往往会遇到困难。这时童话胎教就可以帮上我们的大忙，因此在这一点上，童话胎教和胎谈胎教具有密不可分的重要联系。

读过的童话书可以再利用

为胎教而买的童话书最好能一直保存到胎儿出生之后继续使用，到那时说不定胎儿会对自己在胎儿时期就听过的故事有一种亲切的感觉，而且父母也省去了再次购买童话书的费用和奔波之苦，一举两得。

开发胎儿的潜力

胎儿的听觉功能在怀孕中期就已接近发育完毕，此时我们可以看见其对外部的刺激作出反应。这时，如果你和准爸爸能够用温柔的声音为其读一读童话故事就可以刺激其脑部，从而达到提升潜在能力的效果。

在你睡觉之前，即使只有 30 分钟的空余时间，也应该将其利用起来给胎儿讲一讲童话故事。这种做法对于潜在能力的培养的确具有非常大的帮助。

培养胎儿的想象力和好奇心

通过不同的童话故事，不仅可以将勇气和友情等概念传授给胎儿，还可以培养胎儿的想象力和好奇心。此外，如果你能用自己丰富的想象力将童话书中梦一般的世界转述给胎儿，则意味着胎儿将在这一过程中获得健康而安定的情绪。

童话胎教的方法

选择合适的童话书

提起胎教时用的阅读材料，人们很自然地会联想到童话书。然而在怀孕之后最先应该做的是学习与怀孕有关的知识。初次怀孕的女性不会有任何相关的经验，所以有害怕或茫然的感觉是很自然的事情。

自己的身体将会发生什么样的变化？胎儿将如何生长？现阶段可以为他做哪些事情……你应该了解这些事项。因此，你可以购买并阅读有关怀孕胎教的书籍。你应该养成常去书店淘书的好习惯，书店的安静气氛自然也会对胎教有所帮助。

首先，在选择童话书时留意一下书名、作者和插画作者；按照顺序欣赏书中的插图并将自己的想象具体化；将自己的具体想象描述给胎儿听，注意不是说明，而是描述。要把整个画面勾画出来，把眼睛看到的和心里感受到的客观地表述出来，用饱含深情的声音朗读书中的童话故事，在白纸上按照自己的印象把书中的插画再画出来。

其次，要选择颜色鲜艳、故事内容生动优美的童话书。童话书一般会营造温暖的气氛。

再次，背景不显得单调，一幅图画里蕴藏许多话题的童话书最为合适。书中的文字和插图也应显得较为协调。

最后，选择内容简单易懂，能让你对其产生兴趣的童话书。

准爸爸要积极参与

和准爸爸一起给胎儿读一读童话书吧！通过那些动听的故事我们可以培养胎儿的潜力和感性能力，此外，不仅你们与胎儿之间的亲子关系会得到加深，你与准爸爸之间的爱情也会变得更加浓厚。每天坚持拿出 30 分钟读童话书，让整个家庭一起度过这充满幸福感的胎教时间吧。

根据孕期不同阶段选择合适的童话书

孕中期

你需要根据胎儿五感发育的程度给予他适当的刺激，而你本身由于畏惧情绪的消失和孕吐症状的减轻而逐渐进入平稳的状态。在这一时期，胎儿最需要的是好奇心和理性的刺激，因此你可以买童话书，特别是能够让人自由想象的创作性童话书来阅读。

孕晚期

随着预产期的临近，你应该在这一时期给胎教画上一个完美的句号。可以读一些与分娩有关的童话来减轻自己对分娩的恐惧情绪，使内心逐渐平和下来。

准确发音

无论读书的对象是谁，在朗读时都应该注意发音的准确性，因为只有这样才能完整地表达出书中的意思。这一点在给胎儿朗读时也不例外，如果你的发音不够准确，朗读的效果也一定会大打折扣。在朗读之前可以先做一些针对舌头、嘴唇和口型的训练，这样会对朗读有很大的帮助。

运用口语

给胎儿起了小名以后，你可以把童话书里主人公的名字通通改成胎儿小名，并运用口语来讲述这个故事。

这样在读故事的时候你就会觉得自己的宝宝和故事的主人公合二为一，从而使自己对宝宝的感觉变得更加亲切。另一方面，如果你把故事讲得声情并茂，也可以更多地吸引胎儿的注意力；反之，若是读成了流水账，恐怕不会起到任何的效果。

像胎谈一样进行交流吧，无论是对你还是对胎儿都将是一种愉快的体验。

平和而温柔的语音

胎谈时，对你来说最重要的就是注意自己的语音，平和而温柔的语音将使胎儿的情绪也变得安定下来。

事实上，胎儿几乎在任何时候都期待着母亲柔和的声音，所以你应该打起精神，用清亮的嗓音为胎儿朗读。在读的时候最好能够像平时说话一样，保持随和、温暖而又富有感情的语调和状态。

朗读的同时，抚摸腹部

像胎谈一样，你也可以在抚摸腹部的同时朗读童话书。这样做可以给胎儿带来一种温暖的感觉，使童话胎教的效果倍增。

持之以恒

童话胎教也必须要每天坚持才可以获得成效。此外即使只能抽出很短的空当，也应该选择一天中心情最愉快的时间段朗读童话。如果你想让准爸爸一起参与，晚上 8 点往往最为合适，胎儿的睡眠时间很长，其听觉神经最为敏感的时段就是晚上 8 点左右，准爸爸只要在这个时间为其朗读就能取得最佳的效果。

生动讲解

胎儿对整个世界可谓是一无所知，会很自然地对书中出现的事物产生好奇。针对这种情况，你可以对童话故事中出现的各种事物进行亲切而生动的讲解。

边走边读

如果你读书时采取的姿势很不舒适，胎儿也一定会有难受的感觉。你应该在最舒适的状态下慢慢地读给胎儿听，偶尔一边走一边读也是个不错的方法。这样做既可以让你得到锻炼，又可以使胎儿接受有益的振动刺激，可谓是一举两得。

改编故事

每次都读完全相同的内容，你可能会感到有些厌烦。其实在读童话书之前，你可以根据图画的内容对故事的细节进行改编，这样做将为你和胎儿带来很多的乐趣。

在进行改编故事这种再创作的时候，你可以从那些之前没有留意到的小幅插画开始。在想象的过程中，你的注意力和想象力会得到很大程度的提升，而胎儿的想象力也同时得到增加。

朗读时，你的注意力集中在故事情节里，因此也会很自然地产生一定的感想。在读到故事的结尾处时，你可以以这些感想为话题与胎儿进行亲切的交流。

幸福妈妈经验分享

我在26岁时怀上了宝宝，因为年轻，对怀孕有些不知所措。后来我渐渐地平静下来，但是在高兴之余，更多的是一种担心。由于不知道自己最应该做些什么，我决定去书店读一读与怀孕有关的书籍。就这样，我了解到对胎儿来说胎内环境是多么的重要，只有良好的胎内环境才能对胎儿的智力和性格产生好的影响。在平时读书的时候，我能感到自己的心情变得平和，所以我选择了读书作为主要的胎教方法。我不仅叫下班回家的老公给我读书，还特别注意在自己睡觉和发生胎动的时候用平和的声音朗读童话故事。我对那些可以充分发挥想象力的书特别感兴趣，那时候读得最多的故事是《不会叫的蟋蟀》《饿肚子的小虫》《咕咚的故事》和《小狗》。这些故事内容丰富，图画鲜艳，我自己在读的时候都充满了幸福的感觉。

有时我还让老公扮演当中的角色和自己一起把故事表演出来。接受了童话胎教以后出生的宝宝，性格温和又大方，而且对书有着特别的爱好。看着他一个人专心致志翻阅书籍的样子，你也会对童话胎教所起的巨大作用感叹不已。

我一直梦想有一个天资聪颖、出口成章的宝宝。因此我翻出了唐诗宋词，还搬来了四大名著，更是让老公把他多年的珍藏都捐献了出来，每天在听音乐的时候我就会念上几首诗，背上几阙词，把以前用来玩电脑看电视的时间全花在了细细品味中国古典文学上了。除此之外，我还买了童话集及儿童成语集，每天晚饭后，我会自己读完一遍后，再让老公读。我总会跟他说："爸爸在胎教中也是起到很大作用的，宝宝是能感觉到爸爸声音的！听到爸爸声音，宝宝是会很愉快的！"

旅行胎教

在孕中期，无论是你还是胎儿都处于一个相对比较稳定的状态，因此趁这个机会出门旅行一般不会给身体造成不良影响。通过旅行可以亲密接触大自然，寻找豁然开朗的感觉，让肚子里的胎儿也一起欣赏美景！跟胎儿一起享受快乐旅行吧！

孕期旅行的好处

呼吸新鲜的空气

胎儿是通过母体的血液来获取氧气的，带给胎儿充足氧气的方法之一是去空气质量很好的地方旅行，绿色的大自然可以让你感到轻松，而清新的空气也无疑会把心中的烦闷一扫而光。

欣赏美丽的风景

你可以将自己在旅途中的感受、所见、所闻详细地描述给宝宝听，这样你与宝宝之间的话题就会变得丰富起来。鸟叫声、风声、水声以及稀奇的文物都可以成为你向宝宝描述的对象。旅行可以算作是胎教中的一种野外体验活动，在投入到大自然的怀抱中时，你的身体和心灵都会进入到一种舒适的状态。

享受特色美食

旅行中的一大乐趣就是品尝各地的特色美食。一个地方的传统食品或是特色的美食对你来说的确是不可抗拒的诱惑。你品尝新鲜而美味的食品，不仅能够摄取营养，还可以起到调节心情的奇妙作用，从而大大提升胎教的功效。

使孕妈妈保持心情愉悦

妊娠中的外出运动，不仅对分娩有帮助，也能有效地转变你的心情。更重要的是，在户外能让你充分吸入氧气，胎儿是通过脐带来摄取氧气与营养的，如果你能充分地吸入氧气，胎儿的大脑就会因为充足的氧气而变得活性化，所以，你适量的活动可使胎儿的头脑更灵敏。而且郊外的美丽山水会通过你的愉悦身心传递给胎儿，让肚子里的宝宝也和你一同享受大自然的美景。

刺激胎儿脑部发育

大自然中的新鲜空气中富含负离子，可以促进胎儿脑部发育所需的神经递质的生成。

在大自然中听到的鸟鸣声、波涛声以及踩碎落叶的声音等可以刺激胎儿的听觉，这比听胎教音乐 CD 更直接喔!

腹中的宝宝虽然不能直接看到妈妈所看到的景色，但妈妈的印象和感觉会全部传递给宝宝。因此，大自然的美景和妈妈的好心情可以提高宝宝的感知能力。

旅行必备物品

★★★★★

医疗保险卡和病历

因为不知道在旅行途中会发生什么事，所以随身携带你的医疗保险卡和病历是相当必要的。你可以将这两样东西装在一个文件袋里，放在手提包的最里层，这样需要的时候就可以很快找到。

零食

为了应对你在旅行途中突然感觉饥饿进而引起低血糖等情况，可以随身携带一些平时常吃且易携带的零食。花生、核桃等坚果类食品和果干、煎豆都可以起到这样的效果。

帽子和遮阳伞

在阳光强烈的日子外出旅行，帽子和遮阳伞也是不可缺少的用具。戴上宽沿帽就可以有效地防止阳光强烈的刺激。

薄毯子

你应该把一张薄毯子放在自己行李箱里，即使是夏天也不例外，因为近年来人们习惯把车里的冷气调到很低的温度。在温度较低的日子里你更要多加注意，以免受凉。

防晒霜

阳光照射与皮肤上黑痣、雀斑的形成具有密切的关系，因此，你外出时一定要携带可以阻断紫外线的防晒用品。除了脸部以外，在臂部、颈部等暴露的部位也要涂上防晒霜，以起到保护皮肤的作用。

自驾车旅行

车内要干净舒适

因为你要在车里的狭小空间内度过很长一段时间，所以最好把车内环境打扫干净以后再出发。特别要记得清洗车里的空调设施，并除去各个死角的灰尘。当然，旅行的过程中绝对不要在车内吸烟，最好还要养成经常开车窗换气的习惯。

注意遮光

强烈的阳光可能会对你造成刺激和伤害，因此一定要在车窗上装上遮光用的设施。

预防晕车

晕车是旅行中一件让人头疼的事情。即使是怀孕前从不晕车的女性，由于怀孕后身体发生了各种变化，也可能会晕车。用读书或看报纸等方法预防晕车是不会起到太大作用的。因此，你在旅途中晕车时，最好停下车来，下车吹吹风。

此外，你在感到难受时可把切成薄片的生姜含在嘴里，这也是减轻晕车症状的有效方法。

给孕妈妈留出足够的抬腿空间

孕妈妈在怀孕期间经常出现水肿症状，在狭窄的车里坐了很长一段时间之后，腿部更容易发生这样的症状。针对这种情况你应该在身前放上垫子或旅行包，这样你在感到疲倦的时候可以把腿放在上面。

乘坐飞机旅行 ★★★★★

选择靠过道的座位

一般情况下飞机内部都会保持较为舒适的气压环境，不会给人体造成过重的负担，但长时间飞行往往会引起腿部和脚踝的水肿，所以在此之前最好预定靠过道的座位，在飞行过程中每隔 1 个小时在过道上来回走一圈或做一做伸展运动，可以减轻水肿症状。除此之外，穿弹性较强的袜子在预防水肿方面也能起到不错的效果。

摄取充足的水分

在飞机提升飞行高度或机内温度时，你可能有脱水或恶心的反应。因此一定要摄取充足的水分。

准备舒适的鞋子

也许在飞机航行的时候，你贪图舒服而脱了鞋，但是在下飞机的时候却发现双脚水肿而很难再将鞋子穿上，另外隆起的腹部让你穿起鞋来很费劲。因此，在出门之前，一定要记得穿一双轻便而舒适的鞋。

孕期旅行注意事项

向医生咨询后再出发

怀孕期间，你可以不厌其烦地“打扰”妇产科医生，并借此来减轻自己心中的不安，出门旅行之前也最好先咨询一下医生。

一般情况下，在孕中期如果你的身体状态正常，即使出国旅行也不会有什么问题。在不给自己的身体带来过大负担的前提下，你没有必要刻意限制旅行的次数。

有以下情况不宜旅行

如果你有过流产、早产或者严重的并发症（如心脏病、高血压病、糖尿病等）的经历，那么你不宜旅行；孕期如果出现腹痛或阴道出血的症状也不宜旅行；同时，早孕反应如果依然比较严重，也不应旅行。总之，你应多听医生的建议，并密切关注你自己的身体状况。

准爸爸做好后勤工作

旅行的目的是为了解除压力，培养情操。但筹备一次旅行并不是件容易的事情，稍有疏漏就会导致整个旅行计划在出发前一刻彻底泡汤，对此你一定要多加注意。

打算旅行时需要考虑的事情肯定不只一件两件：要乘坐公交车或者火车就得预先订车票；接着还要备齐所有的旅行用品；此外，必须事先计划好去哪些地方以及安排具体的日程。

怀孕时参加旅行就必须做比平时更多的准备。这个时候准爸爸应该承担起做好准备工作的任务。看着准爸爸为了自己而积极地进行旅行准备的样子，你在感激之余也一定会觉得自己的负担减轻了许多吧。

不要参加危险的活动

从枯燥的日常生活中解脱出来，到一个陌生的地方旅行，这会让心情放飞起来。另一方面，也可能使孕妈妈无意识地参加一些具有危险性的活动。如雪橇、滑雪、水上滑行和某些室内运动都具有一定的危险性，你绝对不能参加。

不要错过洗手间

在怀孕期间，孕妈妈会比平时更为频繁地出入洗手间，因为孕妈妈在怀孕期间很容易会出现尿频的现象，而且这种现象还会随着分娩的临近变得越来越严重。在旅行时，寻找洗手间对孕妈妈来说确实是一件不方便的事情。

因此，孕妈妈每次在旅行的途中看到洗手间时，即使没有尿意也不应该放过这个机会，而且绝对不能因为怕去洗手间而减少水分的摄入。孕妈妈必须让自己的体内时刻存有充足的水分以保证胎儿的健康。如果想减少排尿次数，可以在每次小便时让身体向前倾，这样做就可以达到排空膀胱的效果。

幸福妈妈经验分享

我和我老公本来就很喜欢旅行，平时经常一起出去游玩，怀孕后我们决定以去近郊旅行的方式进行胎教。正好那个时候家里新买了一辆面包车，可以让我随意地坐在或躺在后排座位上，在这样的舒适环境下进行旅行。在怀孕初期出于安胎考虑，我一直待在家里安静地读书，从怀孕中期直到第28周为止，我都积极地接触大自然。尽管有时会出现很明显的晕车症状，但我仍然享受着旅行带来的乐趣和幸福。旅行过程中我每接触一个地区的风土人情都会有很多的感受，而这些通过感官接受到的信息都可以传达给胎儿。为了预防晕车，老公会每隔一段时间就把车停下来，让我吹一吹凉爽的清风并观赏周围的景色。为了不让身体感到疲倦，我在车里特地准备了几张垫子用来把脚垫高，还放了几个橙子和柠檬，它们能产生自然的香气。不知道是不是因为这个原因，我的女儿性格开朗而豁达，并具有相当敏锐的感性能力。幼儿园的老师也夸奖她表现力强。我们相信这一切都要归功于怀孕期里的多次旅行，以及我在旅行过程中所进行的胎教。

森林浴胎教

在呼吸新鲜、清爽空气的同时在森林里漫步或休憩，走在蓊郁的山林中，你会感到神清气爽，从而提升胎教效果。森林浴胎教应该在什么时候进行？选择哪种树木效果更好？需要提前做什么准备？这都是你应该了解的。

森林浴有益身心

对孕妈妈的身心健康有益

很久以前，森林浴作为一种治疗方法在中国和日本被广泛地使用，在德国也被当作一种治病的手段而流传下来。当今社会，随着森林浴的功效逐渐为大众所知，越来越多的森林浴场开始出现。

其实森林浴并不一定非要在森林中才可以进行，小山坡或是人工林也可以成为你尽情享受森林浴的绝佳场所。

走进森林，当你将新鲜、清爽的空气和树木散发出的幽香一口气吸入体内时，身体和内心的所有疲劳感都会被一扫而光，它将给你的生活重新带来活力。实际上，大量的研究结果证明了森林里的空气对人体健康有益这一事实。

森林浴对完全暴露在压力环境和各种污染之下的现代人来说是一种极佳的保健方法。不仅如此，这种使身体和心情都变得舒畅的活动给你带来的积极作用是难以估量的。

植物杀菌素和阴离子可以安定身心

进入树木繁茂的森林中，无论是谁都会感到心情变得爽快起来。这实际上是“植物杀菌素”的功劳。植物杀菌素是植物为了保护自己不受细菌的侵害而不断释放出的一类“芳香性物质”，即所有植物产生的杀菌性物质的总和。而森林浴的效果也同样来源于这些植物杀菌素。

在你踏入森林的一刹那总会闻到一股树木特有的清香味道，这种味道来自植物杀菌素当中的主要成分萜。萜又名松烯，它在起到抗菌作用的同时，对身体的活性化过程产生帮助。萜被身体吸收之后会轻微地刺激人的皮肤，提高人体的活性，促进血液循环，并达到使人的心情安定下来的效果。

森林浴的另一个效用就是为人体获取大量的阴离子。阴离子可以使人的自由神经变得镇定，还可以起到促进新陈代谢并强化细胞和脏器功能的作用。

森林浴可以为由于怀孕而产生压力的你提供很大的帮助。在森林中一边呼吸新鲜空气一边漫步，可以将身体里的废弃物随着呼吸一起排出体外，可以促进新陈代谢并强化心肺功能，还可以缓解因为压力和疲劳而引起的肌肉与神经的紧张状况。

自然界的声音有助于提升胎教效果

多听一些自然界的声音也可以对胎教产生帮助。小溪潺潺的流水声和鸟儿、虫儿的鸣叫声等这些来自于大自然的声音能够带给你丰富的联想，让你感觉心旷神怡，非常有利于胎儿身心健康发展。

如何更好地进行森林浴胎教

初夏到初秋是森林浴的黄金季节

初夏到初秋这段时期温度和湿度较高，植物杀菌素会被大量地释放出来。此外，在一天当中最好的时段是上午 10 ～ 12 点，孕妈妈应该尽量利用这段时间享受森林浴的乐趣。

最好选择有针叶林树种的森林

尽管在任何树木茂盛的地方都可以进行森林浴胎教，但是与阔叶树相比，种有松树、枞树、柏树等针叶树种的森林更加合适。扁柏、偃侧柏、朝鲜冷杉和柳杉的植物杀菌素含量最为丰富，曾有实验表明扁柏是最适合在森林浴当中使用的植物，它会释放出60多种有益于身体健康的物质。

此外，从功效上来说，树龄较高的树木强过年幼的树木，山腰处的森林强过山顶或山脚处的森林。

衣着要合适

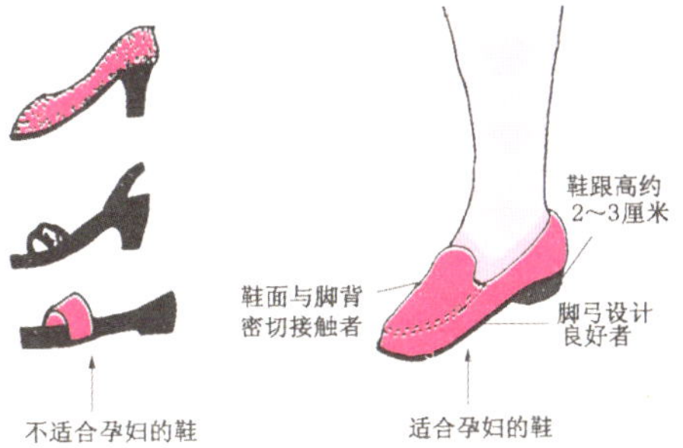

在进行森林浴时应尽量穿轻便而宽松的衣服，这样就可以使皮肤更多地接触空气中的植物杀菌素。由于在森林中呼吸新鲜空气的同时还要走山路，所以对鞋子的选择十分重要。除了尽量穿运动鞋之外，还应该选择鞋底较厚的鞋子，以应对高低不平的山路。

保持平和的心理状态

在进行森林浴胎教时，你应尽量使内心保持平和。只有将头脑里烦杂的念头驱除干净并接受自然的拥抱，你才会感到一种从头到尾的舒畅。

可以随身携带几本诗集、散文集或冥想录，进入森林之后靠在大树上一边阅读一边品味，这么做将使你在精神上进入极为平和的状态。

在感到疲劳时，你还可以面对一棵大树做长长的深呼吸，将废气吐出并吸入对身体有益的植物杀菌素和阴离子。

采用腹式呼吸

在进行森林浴时应该努力吸入尽可能多的空气，感觉好像要用空气把自己的身体注满一样。为了提高森林浴的效果，需要注意呼吸方法。对胎儿最好的呼吸是利用腹部肌肉进行腹式呼吸。腹式呼吸时的肺通气量要比胸式呼吸时大得多，能够向胎儿提供更多的氧气。另外，进行腹式呼吸还能锻炼腹肌，有效地缓解腹部周围的疼痛。腹式呼吸时，不能单纯依靠口鼻吸入空气，而是要借助腹部的力量。吸气时要深且缓，感受空气已经抵达腹部，呼气时腹部用力深深吐气。不要“呼”地一下子便把气体迅速吐出来，而应像发“嘶”音一样尽量缓慢地吐气。每次吸气和呼气的时间长度应控制在3秒钟左右为宜。如果腹部用力过猛，会引起头部疼痛，所以发力要适当。起初对腹式呼吸感到陌生属于自然现象，只要在脑海中慢慢地数数，反复练习吸气和呼气，就会掌握自然的呼吸节奏。这种腹式呼吸的方法可以让你充足地吸收氧气和植物杀菌素。此外还可以在树木之间轻轻地跳跃，或者做一做体操和伸展运动，这些都会增强森林浴的效果。

有氧运动——散步

散步给人体带来的最明显的效果就是增加氧气的供给量。散步时吸入的氧气比静坐时高出2～3倍。它甚至可以使人们烦闷或者忧郁的心情变得舒畅起来。你在散步时吸入的氧气会随着脐带转移到胎儿身上。这些氧气进入体内之后会起到促进脑细胞活性化的作用。

散步还可以增加胎儿的运动功能，并满足胎儿在皮肤刺激上的需要。有的人把皮肤称为胎儿的第2个脑，可见从某一角度来说皮肤的刺激与脑部的发育是息息相关的。刺激胎儿的皮肤就可以使胎儿的脑部也受到刺激，从而促进脑神经发育。

那么，到底应该用什么样的方法刺激胎儿的皮肤呢？胎儿所感受到的皮肤刺激主要是通过胎儿在你的子宫内的运动来实现的，从而使胎儿的皮肤得到规律的挤按和放松。你以平和的心态散步时就可以使子宫发生收缩，这不仅是胎儿进入愉快状态的征兆，还是让胎儿接受良性刺激的必经之路。但是需要注意的是，散步时过于强烈的震动或不规则的刺激反而会给胎儿带来很大的压力。

小贴士

孕期切忌使身体疲惫

孕妈妈应切忌使身体疲惫，要进行充分地休息。只要在空气清新、有茂密的树林的地方，都可以获得良好的森林浴效果。怀孕中期是胎盘完成发育，你的身体不适症状得到缓解的阶段，可以到树多的地方为胎儿输送充分的氧气，一边想象着美好的事物，一边在林中踱步或坐在树荫下小憩。时间以1小时为宜，但要避免太早或过晚。

散步或森林浴之后要进行按摩

散步是一种很好的运动方式，不会带来任何危险，而且能够增加人的耐力，对分娩是很有好处的。你在散步的时候，同时也在刺激着宝宝的运动。妊娠各个阶段，你都可以散步，它可以稳定情绪，增进食欲和睡眠，保持肌肉健康，有利于顺利分娩。每日散步的时间可在半小时至 1 小时，注意速度，最好选择在空气流通、人少、环境好的地方进行。

有节律而平静的步行，可使你的腿肌、腹壁肌、心肌加强活动。由于血管的容量扩大，肝和脾所储存的血液便进入了血管。动脉血的大量增加和血液循环的加快，对身体细胞的营养，特别是心肌的营养有良好的作用。同时，在散步中，肺的通气量增加，呼吸变得深沉。

散步之后，孕妈妈的神经、体液、循环、呼吸、消化、代谢和酸碱平衡等方面，都要发生一些变化，这些变化可能会破坏机体内环境的平衡。这可能会使你产生疲劳、气喘、精神过度紧张、失眠、下肢水肿等情况，运动后的按摩，可以促使这些现象消除，加速内环境达到新的平衡，使你感觉更舒适。

脚底按摩

1. 先后捏住每一个脚趾中央的凸起部分，轮流进行按摩和缓慢地旋转。

2. 以脚趾的顶端作为起点向脚后跟方向推进，再用两手大拇指挤按整个脚底。

3. 握紧拳头，用第二个手指关节在脚底轻轻地抚按。此动作不可过于用力，仅仅起到刺激的作用就可以达到最佳功效，最后在脚腕周围进行大范围的抚按。

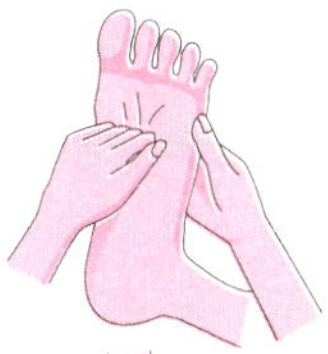

4. 用以上的方法按摩另一只脚。

小腿按摩

1. 以放松的姿势坐下，用手掌从上往下轻轻地按摩小腿，再用整个手掌从脚腕开始向膝盖位置抚摸并提拉整个腿部的肌肉。

2. 用拇指和其他手指的前端以抓捏物体的姿势揉搓整个腿部。

3. 两手分开一段距离用拧干衣服的姿势轻轻地拧小腿，从脚腕部位开始，到膝盖为止，顺次做这一动作。

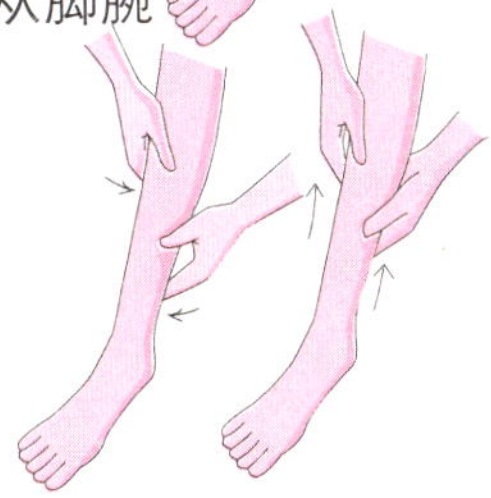

4. 在按摩小腿 1 ～ 3 次之后，握拳轻轻地敲小腿。

5. 用整个手掌从下到上对小腿部进行揉搓，让积聚其中的废弃物进入体液并流动到排泄器官中。

幸福妈妈经验分享

以前我常常听到“胎教很重要”这样的话，但一直没有决定应该使用哪一种胎教方法，也没有像别人一样尝试每一种胎教方法。我和我丈夫都认为每个孕妈妈都应该有自己独特的胎教方法，我所选择的方法就是愉快地对待和经历每一件事，因为我相信：孕妈妈在身体上和情绪上获得的所有感受都会完全传递给胎儿。所以每一天，我都尽量保持做自己喜爱的事情。在悠闲的时候听一听音乐或做几样好菜，有时就在附近散散步。老公也跟我一样有散步的爱好，在得知怀孕的消息之后，他非常积极地带我去公园和山上慢慢游逛。在工作日里，我们吃完晚饭以后也会在社区里兜兜圈子并愉快地谈话。我们所住的地方并不在都市圈里，所以周围有小山和树林。有时兴致来了我就会享受一番森林浴，之后便觉得自己的心情格外爽快。

在散步时我并不是简单地走来走去，而是不停给胎儿描述路边的花草、树木、蝴蝶、星星等大自然的一景一物。“树木可以给我们带来新鲜的空气、凉爽的树荫和美味的果实，他们是我们的朋友。”我就用这样的方式与胎儿进行对话。

现在我们的女儿已经1岁了，她表现出了特别强烈的好奇心，而且从不挑食，一直在健康快乐地成长着。现在回头看来，自己当初坚持散步并呼吸新鲜空气的做法的确非常明智。

抚 摸 胎 教

怀孕27周时，胎儿开始有触觉，准爸妈通过在孕妈妈腹部的抚摸可以引起一系列的反应，促进胎儿运动和平衡能力的发育。抚摸胎教还可以加深亲子间的感情，因此，准爸妈们可不要忽视了抚摸胎教喔！

抚摸胎教的含义

抚摸胎教是针对孕期不适而采取的胎教方法。抚摸应是两个动作过程，一个是“抚”，一个是“摸”。“抚”能引起胎儿良好的触觉和动觉，“摸”就是通过对胎儿身体的局部刺激，促进和加快整体新陈代谢，从而调整胎儿身体各部分功能的协调统一，达到防病、治病、保健的效果。

胎儿处于人体最初的生长发育阶段，在生理心理方面，受孕妈妈身体的影响，孕妈妈安则胎儿安，孕妈妈病则胎儿病。对胎儿来说，抚摸动作在一定程度上起到了按摩的作用，使胎儿无病可以预防，有病可以治疗，达到保健的目的。从现代医学角度来看，对胎儿抚摸主要是通过刺激末梢神经，促进血液淋巴循环和组织间的代谢过程，以协调各器官、组织间的功能，使机体的新陈代谢水平有所提高。

抚摸胎教的作用

锻炼胎儿皮肤的触觉

抚摸胎教可以锻炼胎儿皮肤的触觉，并通过触觉神经感受体外的刺激，从而促进胎儿大脑细胞的发育，加快胎儿的智力发展。

激发胎儿活动的积极性

抚摸胎教还能激发起胎儿活动的积极性，促进运动神经的发育。经常受到抚摸的胎儿，对外界环境的反应也比较机敏，出生后翻身、抓握、爬行、坐立、行走等大运动发育都能明显提前。

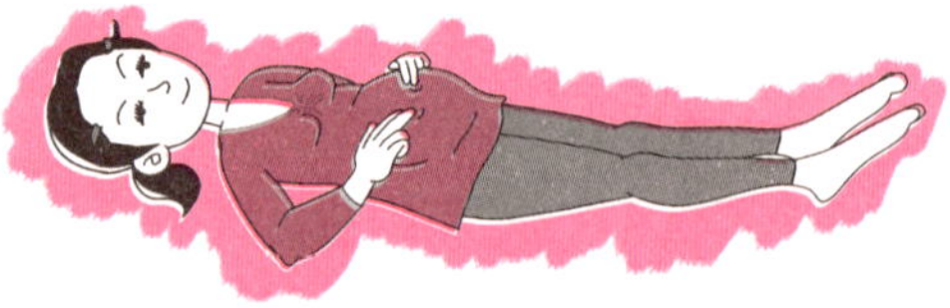

增加父母与胎儿的感情

进行抚摸胎教的过程，不仅让胎儿感受到你和准爸爸的关爱，还能使你身心放松、精神愉快，也加深了一家人的感情。

如何进行抚摸胎教

正常情况下，怀孕 8 周以后，胎儿就在你的体内活动了，但这时的活动幅度很小，你还不能感知。随着妊娠月份的增加，活动幅度会越来越增大，从吞吐羊水、眯眼、咂手指、握拳，直到伸展四肢、转身、翻筋斗等。一般过了孕早期，抚摸胎教就可以开始实施了。

来回抚摸法

在怀孕 12 周以后，你可以进行一些来回抚摸的练习。你在腹部完全松弛的情况下，用手从上至下、从左至右，来回抚摸。心里可想象你双手真的爱抚在可爱的小宝宝身上，有一种喜悦和幸福感，深情地默想：“小宝宝，妈妈真爱你”；“小宝宝真舒畅”；“小宝宝快快长，长成一个聪明可爱的小宝贝”等。但是一定要注意抚摸时动作宜轻，时间也不宜过长。每次 2 ～ 5 分钟就可以了。

小贴士

1. 抚摸胎教应有规律性，每天 2 次，坚持在固定的时间进行，这样胎儿才能心领神会地在此时间里作出反应。
2. 抚摸胎儿之前，你应排空小便。
3. 抚摸胎儿时，你要避免情绪不佳，应保持稳定、轻松、愉快、平和的心态。
4. 进行抚摸胎教时，室内环境要舒适，空气新鲜，温度适宜。
5. 进行抚摸胎教时，如能配合对话胎教和音乐胎教等方法，效果会更佳。

触压拍打法

在怀孕 16 周以后，孕妈妈就可以在抚摸的基础上进行轻轻地触压拍打练习了。在练习触压拍打时，你要平卧，放松腹部，先用手在腹部从上至下、从左至右来回抚摸，并用手指轻轻按下再抬起，然后轻轻地做一些按压和拍打的动作，给胎儿以触觉的刺激。刚开始时，胎儿不会作出反应，你不要灰心，一定要坚持长久地有规律地去做。在坚持几个星期以后，就会感觉到胎儿的回应了，如身体轻轻蠕动、手脚转动等。这时要注意，开始时每次 5 分钟，等胎儿作出反应后，每次 5 ～ 10 分钟。在按压拍打胎儿时，动作一定要轻柔，你还应随时注意胎儿的反应，如果感觉到胎儿用力挣扎或蹬腿，表明他不喜欢，应立即停下来。

这种方法经许多孕妈妈采用，结果生下来的宝宝在听、说和运用语言方面都获得最高分，有助于宝宝的智能发展。

亲子游戏法

在怀孕 20 周以后，有胎动了，就可以进行亲子游戏。每次游戏时，你应先用手在腹部从上至下、从左至右轻轻地有节奏地抚摸和拍打，当胎儿用小手或小脚给予还击时，你可在被踢或被推的部位轻轻地拍两下，一会儿胎儿就会在里面再次还击，这时你应改变一下拍的位置，改拍的位置距离原拍打的位置不要太远，胎儿会很快向改变的位置再作还击。这样反复几次，别有一番情趣在其中。

一定要注意这种亲子游戏最好在每晚临睡前进行，此时胎儿的活动最多，时间不宜过长，一般每次 10 分钟即可，以免引起胎儿过于兴奋，导致你久久都不能安然入睡。

推动散步法

在怀孕 24 周以后，当你可以在腹部明显地触摸到胎儿的头、背和肢体时，就可以增加推动散步的练习。你要平躺在床上，全身放松，轻轻地来回抚摸、按压、拍打腹部，同时也可用手轻轻地推动胎儿，让胎儿在宫内“散散步、做做操”。

这时要注意，此种练习应在医生的指导下进行，以避免因用力不当或过度而导致腹部疼痛、子宫收缩，甚至引发早产。每次 5 ～ 10 分钟，动作要轻柔自然，用力均匀适当，切忌粗暴。如果胎儿用力来回扭动身体，你应立即停止推动，可用手轻轻抚摸腹部，胎儿就会慢慢地平静下来。

准爸爸的参与

在进行抚摸胎教的过程中，准爸爸的参与不仅让胎儿感受到你们对他的关爱，还能使你身心放松、精神愉快，也加深了一家人的感情，所以，抚摸胎教中准爸爸参与显得尤为重要。

每天傍晚胎动活动较为频繁，是进行抚摸胎教的适宜时间。你可以平躺在床上或坐在较宽大的椅子上，全身放松，让准爸爸以从上到下、从左到右的顺序，用双手轻轻抚摸你的腹部，每次 5 ～ 10 分钟。准爸爸在抚摸腹部时，最好同胎儿轻声说说话，这样效果更好。

胎儿最喜欢准爸爸的抚摸和声音啦，准爸爸应经常隔着肚皮轻轻地抚摸胎儿，这样可以协助你让胎儿进行一些宫内运动，最好是一边抚摸一边与胎儿说话，同时告诉宝宝是爸爸在抚摸他。准爸爸还可以加入到亲子游戏中，一家人一起玩游戏，定会乐趣无穷，也会让胎儿充分地感受到家的温馨。

当胎儿的活动过于激烈让你感觉有些难以忍受时，准爸爸可一边隔着肚皮轻抚胎儿，一边温和地说："乖宝宝，爸爸和你商量个事儿，小腿踢得轻点，好吗？你妈妈感觉有些吃不消了。"不可不信哦，这个时候让准爸爸出面调解沟通一下，特别管用。

幸福妈妈经验分享

抚摸胎教不仅对宝宝有好处。对孕妈妈也有很大的好处哦。我在怀孕时经常做抚摸胎教，产后肚子上好光滑，一点妊娠纹都没有，姐妹们都很羡慕我！宝宝最喜欢做的游戏就是点肚皮的游戏。躺在床上，用手指轻轻地点一下肚皮，宝宝就会及时回应。你点到哪儿，他就会跟到哪儿，十分有趣。如果从胎儿期便经常充满爱意地触摸、按摩胎儿，将能有效促进胎儿养成良好的性格和迅捷的反应能力。

另外，孕妈妈对胎儿的触抚，不仅能传达她对胎儿的关爱，还能使孕妈妈本身处在一种身心放松的状态，达到安抚胎儿与舒缓母亲情绪的双重功效。

在音乐的伴奏下，准爸爸轻轻地触摸一下胎儿的全身，就好似做按摩。触摸到圆而硬的是胎儿的头部，摸到平坦的是胎儿的背部，摸到不规则而又经常变动的是胎儿的胳膊或腿，摸到圆而柔软的是胎儿的臀部。一直以为，胎教只能用声音。现在我才知道，简单的抚摸也能让宝宝感受到妈妈的爱。这些动作虽然非常简单，但是很有用哦！

瑜伽胎教

怀孕后，你要经历很多身体和精神上的变化，这些变化会给你带来各方面的压力，此时进行瑜伽胎教会让你身心放松。然而，孕期练习瑜伽有很多需要注意的事项，练习方法也与平时不同，一起来学习吧！

瑜伽胎教的优点

保持孕妈妈身心宁静

由于瑜伽能够让紧张的身体变得柔软而放松，还能使身心进入安定的休息状态并给人带来内在的宁静与平和，所以受到了生活在复杂社会当中的现代人的普遍欢迎。

正是因为具有这样的意义，瑜伽才能够称得上是一种对孕妈妈很有好处的运动。印度人在古代就发现瑜伽可以使孕妈妈的分娩变得顺利。

瑜伽对女性，尤其是对孕妈妈的意义是不容忽视的。它不仅有利于孕妈妈的身体健康，还能让孕妈妈的内心变得平和的同时起到改善宫内环境的作用。

瑜伽的修行方法大致可以分为三类，那就是使身体得到锻炼并往健康方向发展的运动法，强化生命力的呼吸法，以及净化人的心灵并带来内在平和的冥想法。

运动法借助瑜伽体操来均匀地伸展骨骼、肌肉等各个部位，从而起到锻炼整个身体的作用。

呼吸法通过吸入和呼出等调节呼吸的手段来积蓄气息，在给身体带来活力的

同时让内心变得平静。

冥想法要求端正心态，通过冥想变成自己心灵的真正主人，从而让自己的生活变得轻松而自由起来。

瑜伽胎教正是采用了这三种方法使孕妈妈的身体保持各方面的平衡和稳定，并保持良好的状态。

帮助孕妈妈舒缓压力

你在怀孕之后要经历许多身体上和精神上的变化。血液循环量的增加导致你的心脏负担变重，骨骼与肌肉重量的增长也给关节带来了更多的压力。除此之外，你的神经和感觉系统也变得极为敏感，这会导致你很容易发生情绪上的波动，并受到各方面压力的困扰。

此时，你进行瑜伽胎教将会获得明显的帮助。运动、呼吸和冥想可以为体内的各种活动带来最高效率，从而维持身体和内心的轻松感觉。瑜伽不仅可以给你带来能量，还可以使你有效地保存和运用能量。

促进胎儿的生长发育

怀孕期间，你的健康与胎儿的健康息息相关，进行瑜伽胎教可以确保宝宝在母体中有足够的活动空间，这一点将会对宝宝的成长及其头脑发育产生直接的正面影响。

冥想和呼吸可以使你的精力变得十分充沛。此外，你通过瑜伽锻炼使身体内部的气息流动、顺畅之后，这些气息也会对胎儿的脑部发育产生积极的作用。你的身体若能保持清爽、舒畅，宝宝也会在腹中感受到你的安定情绪并健康地成长。

有利于自然分娩

分娩影响到女性一生的健康，所以如果不是医学需要，你应当尽量避免剖宫产手术。瑜伽的一大好处就是可以对自然分娩起到诱导的作用，甚至还可能成功地实现无痛分娩。这是发生在许多孕妈妈身上的事实。

怀孕会给孕妈妈带来腰痛和水肿等烦恼，练习瑜伽则能很好地预防和缓解这些症状。怀孕后，你在感到身体疲倦的同时会有一种兴奋感和责任感。瑜伽可以让你迅速地适应怀孕带来的身心变化，并帮助你最大限度地发挥出自身的力量。此外，练习瑜伽还可以为你产后的恢复和以后的健康打下基础。

有利于产后尽快恢复

怀孕给许多女性带来腰痛和水肿等烦恼，练习瑜伽能很好地预防这些症状的发生。

练习瑜伽还可以为你产后恢复和以后的健康打下基础。在接受自己成为母亲这种变化之后，你在感到身体疲倦的同时会有一种兴奋感和责任感。瑜伽可以让你迅速地适应这种变化，并帮助你最大限度地发挥出自身的力量。

运动前的准备

器具

一张可以用双手抱住的薄坐垫和一块普通大小的手绢。

服装

你应该穿可以让自己感觉舒适的纯棉且宽松的衣服，最好赤脚进行练习，取下身上所有的饰品。

注意要点

1. 所有的动作都要根据身体的状况慢慢地进行。
2. 摆好姿势以后，要深深地、均匀地呼吸。
3. 只有诚心进行练习才能够给胎儿带来更多的活力，在站立姿势下做动作时要特别注意身体的承受能力。
4. 感到吃力时可以减小动作的幅度，并用增加次数来弥补功效。
5. 不可用力压迫腹部。
6. 用餐 3 ～ 4 小时后再开始练习。
7. 练习瑜伽的最佳时期是在怀孕 16 ～ 32 周，最好听取专门教练的建议之后再练习。

准备运动

在进行瑜伽胎教之前，你应该做一些准备运动，这能够促进血液循环，让体温上升并使肌肉变柔软。准备运动可以让你的身体很轻松地适应瑜伽的姿势，并避免肌肉痉挛的突然发生。

转动颈部

● 让自己的耳朵碰到肩部为止，让颈部缓缓地向左边旋转几圈。在此过程中要保持双眼一直睁开，并使眼球和自己的视线也跟着颈部一起转动。随后向相反方向继续转动。

手与手腕的运动

● 肘部稍稍弯曲，重复握拳和松开的动作 10 ～ 30 次，这样做可以使身体的血液循环和能量循环得到促进。

● 轻握自己的双拳，手腕向左侧旋转 10 ～ 20 次。然后换方向重复这一动作。

● 松开握住的拳头，就像要甩掉手上的水珠一样快速地向下面、上面和侧面甩手。

膝盖

● 双脚合拢或双脚分开与肩同宽，保持站立姿势。

● 两手各自抓住同侧的膝盖，重复做呼气时坐下、吸气时起立的动作。

转动腰部

● 双脚分开，与肩同宽，保持站立姿势。

● 双手叉腰，腰部和臀部向两侧来回摆动，注意在摆动出去的时候呼气。

脚趾与脚腕

● 双脚分开，与肩同宽，保持站立姿势，抬起左脚脚跟并转动脚腕。

● 用同样的方法转动右脚脚腕。

小贴士

1. 运动前先咨询医生的建议。
2. 有规律的运动，每周 3 次最为合适。
3. 认真完成准备活动和整理活动。
4. 怀孕时运动能力会有所降低，因此要随时注意自己身体发出的信号。
5. 保证营养，怀孕期间每天应该适当多摄取一些热量。
6. 穿较为舒适的衣服，饮用大量的水。
7. 运动结束之后向左侧躺下并保持这一姿势 15 ～ 20 分钟。
8. 任何时候都不要让呼吸过于急促，以免给你或胎儿造成供氧困难。
9. 最好不要在天气湿热的白天或晚上进行运动。

孕早期瑜伽 ★★★★

选择可以使胸部、腹部和骨盆的全身肌肉变得柔韧而有力，能够减轻骨盆所受的压迫，强化骨盆，肺活量增加的动作。

调整坐姿

● 采取舒适的坐姿，自然挺直上身并保持肩膀和脸部的放松。

● 双手交叉在一起，然后高高地举过头顶。此时手掌应正对屋顶。

● 在呼气的同时使肘部靠近耳朵并完全伸直，让包括手掌在内的整个手臂都得到拉伸。

● 均匀地吐出气息并保持几秒钟静止，注意下巴不要向前伸出。

● 慢慢地放下胳膊并分开交叉着的手指，把双手搁在膝盖上让其彻底放松下来。

舒展骨盆

选择可以促进肾脏、前列腺和膀胱健康的动作。

● 将双腿伸开后坐下，保持脊柱挺直。

● 双脚并拢，双手交叉握住双脚，脚后跟抵住自己的会阴部。

● 进一步伸展脊柱，远望前方或注视自己的鼻尖，均匀地呼吸并保持平静的状态。

● 在这一状态下让膝盖接触地面再恢复原位，重复这种一上一下的动作。

彻底休息的姿势

选择可以消除疲劳的动作。为了让神经和肌肉感到舒适，你要尽可能地放松身体所有的部位。

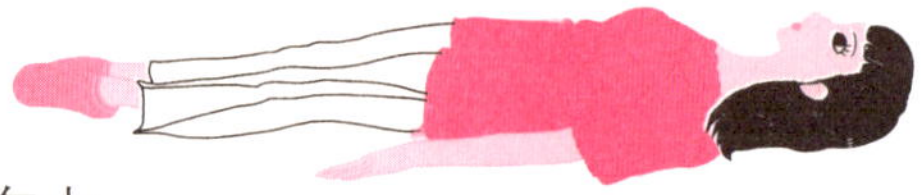

● 平躺，轻轻地闭上双眼。

● 双臂自然地放在身体的两侧，手掌向上。

● 自然地分开双腿并保持放松，保持笔直的平躺姿势，头部、臂部或腿部不要向一侧歪斜。

孕中期瑜伽 ★★★★★

牛首姿势

● 跪起膝盖坐下。

● 举起右臂，曲起右肘，越过肩部之后在背后拉住左手。

● 在呼气的同时双手相互对拉，然后保持均匀的呼吸休息 15 ～ 20 秒钟。

● 慢慢地松开双手，左右手互换之后继续互拉。

功效：提高胸部肌肉的弹性，有利于日后的哺乳，通过扩张胸廓和提升肺活量，增进肺部功能。通过提肩和沉肩来放松身体，同时保持均匀的呼吸。如果两手互拉很困难，你可以抓住手绢或丝带来完成此动作。

向侧面俯身

● 双腿向两侧伸展后坐下。

● 双臂举过头顶，吸气。

● 在呼气的同时向前俯下上半身，用手绢或丝带挂住脚底向身体方向拉。

● 让膝盖窝尽量贴近地面，在均匀呼吸的同时保持不动。在不压迫下腹的情况下伸展背部，注意用力不要过于勉强。

● 缓缓抬起上身并让呼吸变得匀称，彻底地将身体放松。

功效：缓解消化不良、食欲不振及便秘等不适，并去除下腹部的多余脂肪。

小幅度地倾斜

● 左腿向里侧弯曲，右腿向外侧弯曲。

● 双手交叉，举过头顶，仅让上半身往左边转动。

● 双手在脑后保持交叉的姿势然后向右倾斜。

● 向头部上方拉伸交叉的双手并向后倾斜身体。

功效：增强股关节的柔韧性，减轻腰部和臀部的疼痛症状。并能够以腰部为中心，缓解整个背部紧张与疲劳的状态。

孕晚期瑜伽 ★★★★

蝙蝠姿势

● 双腿完全伸直，尽最大可能向两侧分开，舒展脚后跟，同时注意自己的腰部保持挺直。

● 一边吐气一边让双手接近两侧地面，然后上半身缓缓向前俯下。

● 保持均匀的呼吸，持续 10 ～ 20 秒。

● 吸气的同时再缓缓抬起上半身。

● 双腿慢慢并拢，休息片刻。

功效：增加腿部内侧和后侧的肌肉，消除肌肉疼痛和肌肉痉挛的症状。增强骨盆的柔软性，使肝脏和肾脏的功能保持正常。

猫势

● 手掌与膝盖着地，摆出爬行的姿势。双手之间和双膝之间都要保持与肩同宽。尽量使手臂和大腿都与地面形成 90 度角。

● 一边吸气一边向后弯曲颈部，在注视屋顶的同时腰部自然下陷，臀部保持向上顶的姿势。伸直手臂的同时手掌和膝盖用力，持续做向下推的动作。

● 在吐气的同时低下头并曲起肩部，摆出注视自己腹部的姿势。

● 慢慢地恢复正常姿态，再重复进行第 3 ～ 5 步。

● 跪起膝盖坐下或用其他的舒适姿势放松身体。

功效：怀孕之后，变大的子宫一直压迫着骨盆的血管和腰椎，此动作可以改善这一情况，并减轻腿部和肾部的血液循环障碍。强化腹部和脊柱附近的肌肉并促使其均衡发展，从而有效地支撑子宫的重量。

放松腿

● 垫高背部，在肩膀或头的下面垫一张垫子并平躺。把腿搁在墙壁上让其与底面呈 45 度角，注意不要让背部太过僵硬，手臂可以放在身体的两侧或向外平伸。

● 这一姿势保持几分钟，但不要让脚有发凉或者发麻的感觉。闭上眼睛，舒服而有节奏地进行呼吸。

功效：通过抬腿来帮助血液顺利地流回到心脏，使你肿胀而疲劳的臂部和腿得到放松。此外还能自然地伸展腰肢，可以起到预防腰痛的效果。

幸福妈妈经验分享

我遵照教练的建议从怀孕初期就开始练习孕妈妈瑜伽，并一直坚持到了怀孕后期。由于老公也是瑜伽爱好者，所以我们常常在家一起练习，并围绕身体和瑜伽等话题进行了大量的讨论。许多人都说在怀孕之后与老公的关系似乎变得疏远了，但可能是由于瑜伽的关系，我们两人之间反而有了许多新的话题，关系也变得越发亲密起来。

我怀孕的时候，年纪已经不小了，所以在能否顺产这个问题上着实有那么一点担心，但是在练习瑜伽的过程中这种恐惧感一点点消失了，教练给我讲了许多呼吸的要领，告诉我呼吸是自然的镇定剂，只要掌握呼吸就可以让一切都变得轻松起来，于是我非常努力地练习用鼻子吸气，再用嘴呼气的正确呼吸方法。

说来也怪，在分娩的时候我真的没有出现很剧烈的阵痛，在疼了3个小时以后就把宝宝生了下来。

孕妇普拉提

普拉提属于运动健身体系，是一种静力性的健身运动。它可以缓解孕期不适症状，提高顺产概率。你最好在怀孕 3 个月后开始练习，并且要先咨询医生，练习前先做准备活动，练习过程中要保持正确的姿势，这样才能达到最佳效果。

练习普拉提的好处

让全身得到舒展

普拉提与健美操等其他锻炼方式的不同之处就在于，它要求练习者在移动脚步或肩部的时候完全集中自己的注意力。它还强调让横膈膜进入规律的活动状态，以及掌握正确的呼吸方法从而使气息变得更加匀称。

坚持练习普拉提可以使全身的骨骼变得更加稳固，并让紧张的肌肉放松下来，从而达到让整个身体更加健康的目的。

使身心变得平静

在怀孕之后，激素分泌量的增多使你在生理上和心理上发生一系列的变化，随后会出现乳房体积变大，产生恶心感觉等非常明显的症状。

这些身体内部的变化其实是为怀孕和分娩而做的一种准备，所以你应该把注意力转移到即将出生的宝宝身上，从而让自己的心情愉快起来。普拉提不仅能够纠正练习者不正确的姿势和习惯，以保持人体各方面的均衡，还可以给你的内心带来平和的感觉。所以这项运动能够给压力过大的现代人，特别是给怀孕的你带来很大的帮助。

应注意的事项

保持正确的姿势

普拉提强调的就是保持正确的姿势，这一点对你来说尤为重要。正确的姿势可以解除肌肉的紧张感觉，还能够使血液循环变得更加通畅，并促进人的自由神经发挥作用。在练习普拉提的过程中若姿势不正确，将不会得到任何的锻炼效果。

向医生咨询

在怀孕 12 周之前进行运动可能引发流产，所以你在怀孕初期如果有运动打算时，一定要先咨询专家的建议。此外，你还应该注意避免过量或幅度过大的运动。

准备活动

在进行正式运动之前应该先做一做准备活动。普拉提的准备活动与其他运动的准备活动有很大的区别。其目的并不是舒张和收缩自己的肌肉并让脉搏数上升，而是要让整个身体变得平静并进入协调的状态。

在做完准备运动之后，你的身心将会变得平和起来，所有的注意力都会集中到自己的躯体上。这时你就可以开始慢慢地、小心地进行运动了。如果在活动的过程中有疲劳感觉，应当立刻停止活动并进行充分的休息。

小贴士

1. 如果不太舒服或者颈部有沉降感，可以在颈下垫一个较小的枕头。
2. 在吸气的同时会有一种骨盆的肌肉被牵拉起来的感觉，你不用担心。

准备姿势

膝盖与墙壁保持 15 ～ 20 厘米的距离，并倾斜地站立，两脚分开与肩同宽，用脊柱靠在墙壁上。头部稍稍抬起，颈部挺直，两臂自然下垂。在站立的同时让肚脐和脊椎之间产生互相吸的感觉。

深深地吸一口气再呼出，向上牵拉骨盆的肌肉，下巴下降到胸部的位置。这样颈部和背部都会有向上舒张的感觉。此时手臂可以轻微地自然摆动。

彻底地向前俯下身去，让臀部贴住墙壁，手臂和头自然地垂向地面。身体在下垂的过程中可以得到舒展并松弛下来，呼吸也会在一段时间内保持非常自然的状态。

在呼气的同时确认肚脐是否在向脊椎方向推进，向上紧拉骨盆的肌肉，再次舒展骨盆与背部之间的肌肉，在站立的姿势下慢慢转身，舒张背部的同时让肩膀自然下沉。重复整套动作 3 次。

孕早期

考虑到流产的危险，你不应在怀孕初期进行负担过重的运动。

挤按枕头

- 平躺，脚底着地。把一只枕头或垫子放在竖着的膝盖当中。确认是否缓解了肩部和颈部的紧张程度。
- 运用腹式呼吸的方法，在呼气的时候应该感到肚脐和脊柱相互吸，同时使劲推挤膝盖之间的枕头。身体的其他部位保持不变，而仅对两个膝盖用力。
- 再次吸气的同时轻轻地夹住枕头。将此套动作重复 10 次。

孕中期

到此时为止，你的身体已经出现了腹部渐渐隆起等非常明显的变化。在怀孕初期出现的孕吐、疲乏等症状已逐渐减轻或彻底消失。怀孕中期你可以做一些躺着进行的体操动作，但是若感到疲倦或不舒服则应立即停止运动。

伸展四肢

- 平躺，左腿伸直，右腿曲膝。右臂向上伸出，左臂自然地放在身体左侧。
- 开始进行腹式呼吸。长长地吸入一口气，在呼出的时候双臂和双腿的姿势分别互换。重复 5 ～ 10 次。

蹲坐

- 把一个体积较大的垫子靠墙放在地面上。两腿分开与臀部同宽，并靠墙站立。
- 在吸气和呼气的过程中曲起膝盖，顺着墙壁慢慢地坐到垫子上面，在臀部碰到垫子的那一刻把双手放在两膝上，用这样的姿势进行休息。
- 保持以上的姿势 1 ～ 2 分钟，将身体的重量集中在下部，完全放松腰部，深深地吸一口气再呼出，在保持背部靠墙的姿势下缓缓起身。但要注意，在胎位为臀位时不能采用这样的姿势。

孕晚期 ★★★★

很多孕妈妈在怀孕后期都会感到呼吸不畅和异常疲惫，并且会经常出现手、足、脚腕水肿的现象。在这一时期，轻柔的运动和摄取充足的水分会帮助你减轻水肿症状。

坐立抬腿

- 靠墙而坐，两腿向前伸直。在右腿下垫两个枕头，左脚紧贴地面并曲起左膝。
- 慢慢地完全伸直右腿，并继续尽力拉伸。

保持脚趾向上并对脚后跟用力。在这之后让腿放松下来，并舒适地放在枕头上面。重复 10 次后换另一只腿。

仰卧抬腿

- 用垫子垫住头部，尽量让自己的臀部贴在墙壁上。保证背部处于舒适状态后，在尽可能的范围内让双腿自然伸至墙的上端。保持这一姿势 5 分钟。
- 双腿向两侧分开，直至起到拉伸的效果为止，但注意不要太过吃力。保持这一姿势 5 分钟。

幸福妈妈经验分享

在我没要宝宝时已经和好姐妹报班学习普拉提。怀孕后我也曾想是不是要暂停一段时间，但是教练告诉我，普拉提运动对孕妈妈和胎儿有很大帮助，我也就放弃了暂停的念头。

每次练习时先做 100 次呼吸动作，然后上体抬起，肩膀离地，双腿伸直，抬起与肩同高，双手慢慢抬起，在肌肉收紧时用嘴呼气，在还原动作时用鼻子吸气。看起来非常简单的动作，但我完成得却不怎么样。因为每一个动作都极为缓慢，像被拆解成了慢动作，但是看到与我一样的孕妈妈做得都这么认真，我也不再介意我难看的动作。练习的时间长了，渐渐有种身心融为一体的感觉，内心平静，好像回到一种沉静的生命本质。

环境胎教

母亲的力量就是将万物之精华、宇宙之信息，传递给腹中幼小的生命。整洁、干净、空气清新的乡间可以将内心的污浊抛弃，是最好的环境胎教。此外，你也要时时注意保持乐观的心境，给胎儿一个良好的宫内环境。

环境胎教的含义

人类从受精卵到胚胎直到出生瞬间成为新生儿，大约要经历 40 周。妊娠过程中胎儿能否正常生长发育，除了与父母的遗传基因、孕育准备、营养因素有关外，还与孕妈妈在妊娠期间的内外环境有着密切的联系。随着社会的发展，环境胎教越来越受到重视，人们也越来越注重孕期宫内环境、自然环境、居室环境和工作环境，这也就构成了环境胎教的相关内容。

环境胎教的作用

帮助胎儿提供良好的宫内环境

孕妈妈体内的生理、心理变化状态及营养构成了胎儿的内环境。胎儿先天异常的发生，不外乎是由不良的内外环境直接或间接作用于胚胎而使之发生异常。引起先天胚胎异常的因素称之为致畸因子。这些致畸因子，可能由遗传、环境、生物、营养等诸因素互相作用的结果。要使胎儿发育良好、健康乃至出生后智力超群，就必须重视环境因素对胎儿的影响。

可以保证胎儿的健康发育

良好的环境，能使胎儿受到良好的感应。外界的色彩、音响和声乐，乃至无限美好的大自然的景色等，不仅使你置身于舒适优美的环境中，得到了美与欢快的感受，自觉心情轻松愉快，而且也影响着你腹中的胎儿，使胎儿健康地发育。

哪些环境影响胎儿成长 ★★★★

辐射的影响

人们发现，电脑周围会产生低频电磁场，孕早期长期使用电脑会影响胚胎发育，增加流产的危险性，至于致畸的可能性，目前无统一说法，尚需大量资料来证实。专家还测定，电脑背面和侧面的电磁辐射强度比正面大。另外，长时间固定姿势坐在电脑前，将会影响心血管、神经系统的功能，盆底肌和肛提肌也会因劳损而影响正常的分娩。因此，你一定要注意在妊娠前十二周，尽量减少长时间地电脑操作，不得不操作时应注意室内通风，适时休息或活动。穿孕妈妈防辐射服也有一定防护作用。

孕妈妈职业的影响

在写字楼中工作的白领女性久坐不动的工作方式对女性的伤害大。女性长时间坐着工作，活动少，影响血液循环，骨盆受压迫使子宫血液循环不畅，让母体受到伤害而影响胎儿的健康成长。因此，如果你是从事这类工作，你一定要注意，工作一段时间后要起来活动几分钟。

有报告显示，如果孕妈妈是医院麻醉师或者手术室护士，由于职业的性质会经常接触麻醉药，可能会引起胎儿畸形或者流产。如果你从事这类工作，在怀孕期间，最好申请暂时调换工作，或者休假。

噪声的影响

噪声对人类来说是一种公害。长时间生活在噪声之中能使人听力下降、心神不宁、情绪暴躁甚至失控，严重影响人的食欲、睡眠乃至整个生活和工作。噪声不仅指工地噪声、交通噪声、卡拉OK等人们常常关注的噪声，还有不可忽视的生活噪声，如电视机、录音机、洗衣机、吸尘器、冰箱噪声等。这些家用电器产生的噪声虽然没有像交通工具的噪声、工地噪声、卡拉OK那样刺耳，但对人的伤害同样严重，是一种隐性伤害。如果在同一个时间内开着电视机、洗衣机及吸尘器，就会加大噪声的作用，形成一个高分贝机械噪声的小环境。

孕妈妈要特别注意声音对胎儿的影响。日本专家发现，所有刚出生的宝宝的行动并不是一样的，而是有很大差别的。这种差别与孕妈妈所处环境的声音有关。胎儿在孕妈妈子宫里记录到了母体大动脉血流的声音及母体的声音和来自子宫外的震动的声音。他们又用声音刺激胎儿，胎儿心跳显著加快，从而表明胎儿对声音有反应。

他们通过调查说明了这样一个事实：家庭环境嘈杂的孕妈妈，生下来的宝宝对门铃声、玩具碰击声、针刺激的疼痛以及光线刺激等反应极为敏感，并且大都缺乏自制能力。夫妻经常吵架的家庭所生的宝宝也是这样。很显然，嘈杂的声响不仅使孕妈妈心烦意乱，而且会对胎儿产生极为不利的影响。

消除噪声能对人的神经起到调节作用，对你的性格、心情起到改善、缓和的作用。一个干净整洁、安静舒适的居室还会使你从精神上感到愉快。如果在孕晚期，你所处的环境忽然声音太杂乱，会让你更加焦虑不安，从而影响顺利生产。

噪声不仅对你的伤害较大，对胎儿神经的发育危害更大，可使胎儿听力下降，容易造成宝宝出生后耳背、耳聋的严重后果。如果你的住宅周围有公害噪声，最好在怀孕期间换个环境居住，防患于未然。

环境污染的影响

不能在有毒有害的环境内生活。在整个孕期，你都要尽可能避开各种污染，二手烟、汽车排放的尾气、化学药品等含有的重金属会严重影响胎儿的健康，导致流产、胎儿畸形、染色体突变等。你应尽量远离，不到马路边散步，调离接触有毒化学物品的工作等。

小贴士

1. 避免收看情节紧张的电视节目或收听令人情绪紧张的广播。孕期情绪受到惊吓可使肾上腺素分泌增加，子宫的血流量将会减少，从而影响胎儿的发育。

2. 夫妻双方要通力合作，努力安排好家庭日常生活。孕妈妈本人更要正确对待和善于协调夫妻间的关系、婆媳关系、邻里关系和其他的人际关系，使自己和别人能有较多的心理相融，从而创造出一个良好的、有利于胎教的社会环境。

3. 孕期母体负担逐渐加重，平衡能力越来越差。孕妈妈的工作起居活动，应以安全为宜。孕晚期孕妈妈尽量处在安全的环境中。同时，结识怀孕的同伴，进行交流和相互安慰，能够排解环境对孕期造成的压力。尽量将环境中有益的成分纳入到自己的孕期。要利用各种方式排解孕期对环境的不安或不适，水土不服造成的身体不适、高层建筑引起的烦躁、生活区域的改变造成的环境不适应等都会增加孕妈妈的负担，甚至导致疾病。此时家人及准爸爸要密切观察、注意保护孕晚期的孕妈妈。同时，将环境的负面影响降到最低，保障母子平安。

如何进行环境胎教

★★★★★

环境胎教首先应该对居住条件和环境进行改造，以适应孕妈妈心理和生活需求为主，兼顾胎儿发育的需求。其次是家庭中居室的清洁及空气的流通，孕妈妈应每日早晚开窗，更换新鲜空气入室。新鲜空气是胎儿的重要“营养”，尤其是早晨新鲜的空气中蕴藏着大量的负氧离子，是胎儿的智力源泉。你应尽量多创设这种环境，尤其是孕早期环境胎教对胎儿的发育极为重要。整洁、干净、清新的乡间，农庄似的农家乐园，可以说是最好的环境胎教。妈妈的力量就是将万物之精华、宇宙之信息，传递给弱小的生命。

美化居室

居室环境对孕妈妈是非常重要的，最基本的要求是要使居室整洁雅观。可以在居室的墙壁上悬挂一些活泼可爱的婴幼儿画片或照片，他们可爱的形象会使你产生许多美好的遐想，形成良好的心理状态。居室不论是宽敞舒适的住房，还是狭小拥挤的住房，最首要的问题是解决阳光照射和室内保温的问题。没有阳光的屋子，你和即将问世的胎儿得不到阳光的照射，身体中的钙吸收就会受影响，也将影响你和胎儿的骨骼发育。由于没有阳光，室内阴暗潮湿，还会增加你患产后病如关节疾患等的概率。

可以对居室进行绿化装饰，而且应以轻松、温柔的格调为主，无论盆花、插花装饰，均以小型为佳，不宜大红大紫，花香也不宜太浓，虽然花香大多有益健康，但香味过于浓烈时，如夜来香等，特别是睡眠时呼吸这些气息，难免有损健康。有些花卉含有对人体有害物质，不宜放在居室中。松柏类花木的芳香气味对人体的肠胃有刺激作用，不仅影响食欲，而且会使孕妈妈感到心烦意乱，恶心呕吐，头晕目眩。

处在被花朵装饰得温柔雅致的房屋里，孕妈妈一定会有舒适轻松的感觉，这有利于消除你的疲劳，增添情趣。在优美的居室里，你可以培养自己更广泛的兴趣，如自己种一些花草，喂养一些漂亮的小鱼等，这些都能够陶冶你的情操。同时要有植物和图片及小宝宝照片，这样你可以常常观赏。比如春天的牡丹、夏天的荷花、秋天的菊花、冬天的梅花。在不同的季节中，你还可以将自己周围的花类植物与自己的心情进行定位，将自己美好的愿望与四季的代表花卉与植物相对应，能够留下深刻的印象。有鲜花和植物陪伴的生命才是生机盎然的。

感受户外美丽风光

如果你一味地在屋里闷着，对自身的身心健康和胎儿生长都是不利的。所以，你要常到空气清新、风景秀丽的地方游览，多看看美丽的花草，以调节情趣，这样可使你心情舒畅，体内各系统功能处于最佳，使胎儿处于最佳的生长环境。人在大自然中可以完全放松，将烦恼扔

进乡间的小溪，将生活的压力排到清香的空气中去。孕妈妈应该坚持每日到清新的空气中作深呼吸，这样可以帮你调整整个孕期的压力，主动建立良好的人际关系，从而使整个孕期充满幸福气息。

提高自身修养

你可以以自己的喜好，在居室内挂一些景象壮观的油画，这不仅能增加居室的自然色彩，而且能使你的视野开阔。你还可以在居室悬挂一些隽永的书法作品，时时欣赏，以陶冶性情，提高自身修养。书法作品的内容常常是令人深思的名句，你不仅从中能欣赏字体的美，更能感到有一种让你健康向上的力量在时时激励自己。

创造良好的家庭氛围

夫妻间互敬互爱

夫妻间互敬互爱是共同创造温馨家庭的感情基础。作为准爸爸，不能“大男子主义”十足，认为自己是一家之主，一切自己说了算，生儿育女是女人的事，社会大舞台才是男人的天地，这些传统的世俗观念非常错误，应彻底加以纠正。孕妈妈也不要一心想慑服准爸爸，动辄大发威风，使对方俯首帖耳，一切都凌驾于准爸爸之上。只要夫妻之间做到相互尊敬，即使有点意见和分歧，也能开诚布公地妥善解决。

夫妻间互信互勉

夫妻间互信互勉是共同创造温馨家庭的心理保障。互相信赖，以诚相见，这是夫妻生活和谐的可靠保障。准爸爸要多帮助和谦让孕妈妈，这样可以使孕妈妈心神愉悦地受孕怀胎。尤其是孕妈妈受孕初期，准爸爸更应多帮助孕妈妈干些家务。因为在怀孕初期，突然的生理改变常会导致女性心理上也相应发生一些变化，易于烦躁，多善唠叨，这时男士要有君子风度，应更多地帮助、谦让孕妈妈，这是不容忽视的一点。

夫妻互谅互慰

夫妻互谅互慰是共同创造温馨家庭的关键。在家庭生活中，夫妻之间相互体谅和抚慰，就可以加深夫妻之间的感情。妻子怀孕以后，平日经常干的家务活不能胜任了，准爸爸应体谅孕妈妈，主动去承揽这些家务，并且还要多给孕妈妈一点抚慰，这样才能使她安全顺利地度过妊娠期。所以，准爸爸应当多体谅和抚慰怀有身孕的孕妈妈。

夫妻互相理解

要创造好的家庭氛围，夫妻双方要相互理解。尤其是准爸爸更要积极热忱地为孕妈妈及腹内的胎儿服务好，扮演好未来父亲的荣耀角色，使孕妈妈觉得称心，也感到惬意。在如此和谐的家庭氛围中生活，对母子的身心健康均大有裨益。孕妈妈也要给准爸爸以一定的关怀和理解，与他一道为共同创造温馨的家庭而努力。

避免去拥挤场合

平时人们免不了经常去人多拥挤的场合，但你则不宜去，否则会有很多危险。所谓“耳不听秽语，眼不观浊物”。更不要与周围的人发生激烈冲突。与环境万物和谐相处，利用环境的优势，可提升怀孕的质量。

在人多拥挤的地方，你一旦受挤，便有流产、早产的可能，如挤着上公共汽车就很危险。另外，也很容易发生意外，如在广场看节目，就有可能被挤倒，由于你的身体不便，最容易出现这类问题。人多拥挤的地方往往空气污浊，会给你带来胸闷、憋气的感觉，胎儿的供氧也会受到影响。

比如在拥挤的室内看节目、在足球场看球赛，都不利于你和胎儿的健康。人多拥挤的场合必然声音嘈杂，形成噪声，这种噪声对胎儿发育十分不利。人多拥挤的地方还容易传染疾病，公共场合中各种致病微生物的密度远远高于其他地区，尤其在传染病流行期间和地区，你很容易染上病毒和细菌性疾病。这些病毒和细菌对于一般健康人来说可能影响不大，但对你和胎儿来说就比较危险。

孕妈妈忌接触宠物

现在家庭养宠物的不少，人们总喜欢把他们抱在怀里，与之亲昵，脸挨脸地，甚至嘴对嘴地接触，殊不知这些小动物常常带有细菌和传染病，对你的健康非常不利。

有的孕妈妈生下畸形儿，经过查找原因，就是由于在怀孕期间同宠物接触密切。医学专家从生下畸形儿和流产女性的脐带血液中发现了弓形虫。有些猫患有弓形虫病，弓形虫可从猫粪中排出，通过口腔进入人体内进行生长繁殖，并可通过胎盘造成胎儿先天性弓形虫病。孕早期感染弓形虫病常会导致孕妈妈流产、胎儿发育异常等；孕晚期感染会严重影响胎儿的大脑发育，常致胎儿畸形或死胎。感染弓形虫病的宝宝出生后主要表现为脑积水、小头畸形、精神障碍等。

因此，你如果养猫，在怀孕期间就不要去清扫猫舍（如果一定要清扫，需戴上橡胶手套和面罩或围巾），因为与猫的粪便接触会传播这种疾病。怀孕期间也会因吃了未煮熟的肉而患上这种疾病。为了避免染上李斯特菌、沙门菌或弓形虫病，在制作或加热食物的时候，一定要注意卫生。不要吃生的和没煮熟的肉类以及生鸡蛋、未洗净的蔬菜和沙拉等。

为了优生，你不可与心爱的小动物接触，也不可以到饲养动物的人家或动物园去。如果你要饲养小动物，最好请兽医为动物做检查，确诊为健康的动物时才可饲养。

幸福妈妈经验分享

如何度过孕期40周的时间，让宝宝长得更好，共同拥有一段美好的记忆，是每个孕妈妈最关心的事。作为一个自由职业者，我原本的工作主要在家进行，怀孕后工作量自然减少，也就有了大量时间好好规划。

我努力地安排好家庭日常生活，为了把我们的居室布置得温馨可爱，我买了一些宝宝图挂了起来，每天早晨睁开眼睛，看着图画上的宝宝，抚摸着我的宝宝，一天的生活从幸福中开始。起床后，去阳台上呼吸一下新鲜空气，顺便为我的花草浇浇水，再吃一顿美味的爱心早餐，然后去楼下小花园散散步，自然觉得心情轻松愉快。我很少看电视节目，一直保持着读书的习惯。老公周末时经常带我去空气清新的地方去放松心情。我也时常感受到孕育宝宝的幸福，也许是上述的原因，我的宝宝出生后，不但健康强壮而且聪明可爱。

清静胎教

清静胎教是通过呼吸、冥想等方法，调整孕妈妈呼吸和心情的胎教方法。清静胎教一大效果就是使孕妈妈能够对自己的内心进行调节，使孕妈妈在身体上和精神上同时保持着健康的状态，所以对怀孕的人来说，学习清静胎教法是一个非常好的选择。

优点

修炼身心

清静法可以引导孕妈妈的身心，使其在身体上和精神上同时保持着健康的状态。

学习清静法以后，你就可以较好地应对怀孕和分娩过程中身体所产生的所有变化，也可以渐渐消除分娩的恐惧感，从而变得积极、爽朗起来，这会让你以一种平稳的心态顺利地度过整个怀孕阶段。

清静法不仅可以通过调整你的身心起到胎教的功效，还可以对分娩过程和产后休养等环节产生很大的帮助。

优化胎内环境

宝宝出生后具有的品性和气质在一定程度上决定于子宫内环境的好坏。如果你在怀孕期间修养内心，就一定会使胎内环境得到优化，并给宝宝带来许多好的影响。

促进交流

清静法可以使你和胎儿之间很快建立起自然的、深层次的交流，有益于培养宝宝的良好品性以及促进大脑功能的发育。

缓解孕期不适

练习清静法能够消除腰痛，并能减轻四肢酸软、手脚冰凉、腿部水肿、消化不良和便秘等症状，孕妈妈的情绪会很快变得安定下来，失眠和头痛等症状也会得到明显的改善。

如果进行清静胎教法，练习 4 周后你就会发现自己沉重的身躯变得轻盈起来。这种变化非常明显，几乎让你感觉不出自己已经怀孕了。

减轻分娩疼痛

清静法可以消除你对怀孕和分娩的恐惧感，使你变得愉快起来。由于清静法包括清静操、呼吸法、放松法和冥想法等能够提高顺产概率的内容，所以在想到自己将会顺利地度过怀孕期和分娩时，你的不安感和恐惧感就会自然而然地减轻了。

许多练习清静法的孕妈妈在分娩时都只经历了很少的痛苦。事实上，呼吸法和松弛法可以促进大脑中胺多酚的分泌，这不仅能够帮助你减轻疼痛，还能加速分娩过程，这样一来阵痛的时间也就自然减少了。

练习时间

清静法要练习 4 周以上才可以看到功效，所以最好从怀孕第 16 周起开始练习。你每天应该练习 30 分钟到 1 小时，但也可以根据自己的身体状态适当加以选择。

练习场所

如果你一个人在家练习，往往不能及时纠正自己的错误，因此，最好去附近的健身房与别的孕妈妈一起练习。这样做不仅可以得到别人的点拨和指正，使练习变得更加顺利，还能够跟别的孕妈妈互通有无，一起愉快地度过整个孕期。

学会“运气”

所谓气，是一种能够涵盖宇宙基本信息的能量，在这里指的也就是促进人体新陈代谢并维持生命活动的原动力。通过呼吸法就可以对气进行操控和调节。

人类得病的根本原因大多是由于体内的气以及血液循环不畅造成的。身体里的气长时间在一个地方停滞不前，就会造成疾病的发生。懂得调节气可以使你的身体和心灵受到净化，从而达到维持身心健康的目的。

清静操练习

卧姿

此套动作最好在怀孕第 16 ～ 32 周练习，如果身体不是特别沉重也可以一直练习到怀孕的后期。练习躺着做的体操动作能促进全身的血液循环，并能够强化腰部力量。还能预防和治疗腿部的水肿症状。

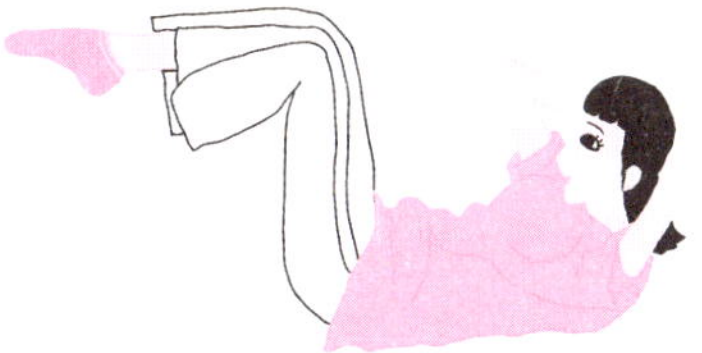

双腿一起上抬

● 双手垫住头部，双腿一起上抬，尽量弯曲到胸部位置与胸口接触。收起脚后跟，仅让大脚趾部分碰到胸部即可。

功效：促进腿部的气血循环，减轻腿部浮肿和心律不齐的症状，还可以强化腰部肌肉，增强子宫的收缩能力。

双腿轮流上抬

● 平躺，弯曲左腿，然后抬起右腿与身体呈 90 度角，与此同时用双手垫住头部。尽可能长时间地保持这一姿势，然后把腿放下来休息片刻。

功效：预防并治疗腿部水肿，强化内脏器官并帮助消化。

小贴士

1. 做操前后不要进食。

2. 做完一套动作之后休息 1 个小时左右，然后再进行另一套动作。

3. 要注意避免让身体在某一瞬间过于吃力。

4. 要在内心中与胎儿化为一体，并带着自己对其深深的爱意去完成每一个动作。

5. 做动作时出现暂时的疼痛感觉属于正常现象，但如果疼痛一直持续到运动之后，则说明身体承受了过重的负担，因此，一定要将运动量控制在合适的范围之内。

坐姿

这套动作你可以从怀孕初期一直做到分娩之后，并且最好和准爸爸一起练习。练习“坐行”可以增加你的肺活量，从而给胎儿带来充足的能量供给，不仅有益于胎儿的健康成长，还能够使你的消化和排泄恢复正常，手脚渐渐温暖起来，心情也会变得更加愉快。

双手推门

● 双臂分开与臀部同宽，举至肩膀的高度。双手手掌向前方完全张开。一边收缩手臂一边长长地吸气，在伸直手臂的同时再将气息呼出。重复以上动作 4 次。

功效：让内心安定下来并使腰部变得更加结实。对伸展你的骨盆也具有一定的好处，还可以疏通全身的气血，给胎儿带来充足的氧气。

叠手

● 双手手指交叉向前推。然后向上举起交叉的双手，再移动到头部后面。头部向后倾。重复以上动作 2 次。

功效：疏通上半身的气血，帮助消化，强化肾脏的功能，解除腰部的疼痛。

站姿

此套动作你可以从孕中期一直做到孕晚期，这能使你的大腿和骨盆腔变得结实，并能够促进全身的气血循环，提高顺产的概率。

四肢运动

- 双脚分开与肩膀同宽。右臂在头部右侧向上伸直，手指朝向天空。左腿向前迈步并在空中弯曲成 90 度角。两侧的手臂和腿轮流做，各重复 5 次。

功效：促进血液循环和新陈代谢，强化腿部肌肉和骨盆腔，提高顺产概率。

扭转腰部

- 双臂向两侧伸展，腰部慢慢地朝右侧转动。在此过程中用左手扶住右肩，右手则贴在左侧肾脏所对应的位置上。
- 屈膝，让整个身体的重心下移。双臂向两侧伸展，腰部朝左侧转动。在此过程中用右手扶住左肩，左手贴在右侧肾脏所对应的位置上。

功效：放松腰部脊椎，缓解腰部及背部疼痛。

走姿

- 在空气清新的地方慢慢走动，与此同时重复将自己的手掌向内弯曲再向外展开的动作。

功效：将清新的空气传递给胎儿，通过深呼吸来提高供氧量。适量的行走能够强化你腿部的肌肉并放松骨盆肌肉。

冥想 ★★★★

- 采用平躺或向一侧卧的姿势。舒展眉梢，面带微笑。
- 让自己的颈部、肩膀、手、腿和脚都完全放松下来。
- 让头脑保持一片空白，即集中注意力。
- 想象胎儿俊俏的面容以及其长大成人以后的模样。

- 想象大自然的清静和广袤，可以想象大海、森林和清澈的河水等事物。

结束操

在练完清净操或冥想之后不要忘记收尾。主要方法是双手互搓发热之后摩擦自己的脸或耳朵。

抚摸脸颊：可以增加面部皮肤的弹性，起到美容的效果。

梳头：促进血液循环，使血压变得稳定，还可以起到治疗头部疾病和提升智力的效果。

抚摸耳朵：耳朵上的血管十分密集，按摩耳部可以对全身起到积极的作用。

抚摸大椎穴：大椎穴在第七节颈椎，也就是弯下颈部时位置最高的那节颈椎的下端。这样做不仅可以预防并治疗感冒，对支气管和肺也有很大的好处。

仙鹤点水：头部先向后倾斜，再往前伸，让自己的下巴在空中画圆。这样可以治疗颈椎和胸椎的疾病，并能放松颈部和肩部的肌肉。

幸福妈妈经验分享

因为职业的原因，经常接触到一些孕妈妈，经常听他们说胎教多么重要。自从自己怀孕后，我也常常做胎教，但是胎教的方法多种多样，有时真不知选择哪一种方法，有一天一位孕妈妈告诉我，她经常做静心体操，感觉对身体和胎儿有很大的帮助。我听了以后，也留心了一下，从第 16 周开始，我也经常练习，闭上眼睛，在宽敞、明亮的房间，伴随着轻柔的音乐，静静地平躺在垫子上，让四肢和身心最大限度地放松，充分展开想象的翅膀，想象不久就要出生的小宝宝的样子，想象蔚蓝的天空，想象辽阔的草原，想象白云，想象大海，想象星空……彻底舒展开身体，运用轻柔的呼吸，让意念和身体融为一体，抛开不良情绪……在坚持了一段时间后，感觉脚步越来越轻灵，担心、焦虑的坏情绪也没有了，静心操领我通向精神自由而平和的圣土。就连老公也说，我看上去比刚怀孕时气色好多了，愈来愈有韵味了。

光照胎教

对于光照胎教，很多孕妈妈都比较陌生，光照胎教一般从怀孕第7个月开始，直到分娩，通过光照胎教，胎儿的视觉和情商都会得到良好发育。因此，孕妈妈千万不可错过光照胎教的好时机！

光照胎教的含义

光照胎教是指在胎儿视觉发育的特殊时期，利用光源进行刺激，进而促进视觉器官发育和大脑发育的一种胎教方法。

在人类获取信息的方式中，视觉无疑是最主要的信息来源，因此视觉对于人类来说异常重要，视觉刺激对于大脑的发育也有着不可取代的作用。对胎儿进行视觉开发对于后天的视觉发育、大脑智力的开发也是最为重要的影响因素。因此以视觉为媒介的光照胎教法在众多胎教中占有重要的地位。

光照胎教的作用

光照胎教能促进胎儿视觉细胞的生长，促进视觉功能的建立和发育，这些光信号刺激视觉神经，使视神经产生神经冲动，这种冲动通过视神经通路传入大脑中，能够刺激大脑神经细胞产生更多的突触，建立更复杂的神经网络，有效地阻止神经细胞凋亡，使宝宝出生后有更敏锐的视觉、更良好的专注力、记忆力和更聪明的大脑。

另一方面，定时、规律的光照刺激，能够使胎儿形成良好的昼夜节律，让胎儿形成更好的习惯，而良好的习惯有助于良好的性格的形成，这使胎儿出生以后情绪更稳定，有更好的情商。实验证明，适当的光照对宝宝的视网膜以及视神经有益。

光照胎教的工具

可以拿手电筒作为光照胎教的工具。手电筒紧贴在你的腹壁，光线透入子宫，羊水因此由暗变红。而红色正是胎儿比较偏爱的颜色。用手电筒进行光照胎教正可谓投其所好。

如何进行光照胎教

在胎儿的感觉功能中，比起听觉和触觉，视觉功能的发育缓慢。孕 27 周以后胎儿的大脑才能感知外界的视觉刺激；孕 30 周以前，还不能凝视光源，直到孕 32 周，对光照刺激才能产生应答反应。因此，从怀孕 24 周后，将光射进子宫内或用强光多次在你的腹部照射，胎儿眼球活动次数会增加，也会安静下来。每天定时在觉醒时用手电筒（弱光）作为光源，照射你的腹壁胎头方向，每次 5 分钟左右，结束前可以连续关闭、开启手电筒数次，以利胎儿的视觉健康发育。但切忌强光照射，同时照射时间也不

小贴士

目前通行的光照胎教在光照强度、光照时间、光源频率以及光源对于孕妈妈腹腔壁、胎盘的通透性等均没有严格标准，在操作上存在较大的随意性，过强的光源长时间照射对胎儿的视觉及神经系统的发育均会产生不良的后果，而光强、频率不合适则光不能透射到子宫中，不能对胎儿产生合适的刺激，不能起到胎教的作用，所以在光源的选择、光照时间上均需慎重。

能过长。通过以上各种方法，综合地对胎儿进行教育、训练，沟通信息，形成你们与宝宝之间的相互结合，对于出生后宝宝的智力开发十分有利。对孕期中进行的各种胎教训练，均应详细地记录下来。例如，胎动的变化是增加还是减少，是大动还是小动，是肢体动还是躯干动等。经过一段时间的训练后，可以总结一下宝宝对某种刺激是否建立起特定的反应或规律。这样将有助于医生对胎儿发育情况的了解。光照胎教法是通过对胎儿进行刺激，训练视觉功能，帮助其形成昼夜周期节律的胎教法。光照胎教法最好从孕 24 周开始实施，用手电筒即可，因为此时胎儿对光开始有反应。

光照胎教要配合胎儿的作息时间

不要在胎儿睡觉时进行光照胎教，以免打乱胎儿的生物钟。光照胎教还是要配合胎儿的作息时间，仍然要在胎动明显时，即胎儿醒着的时候做光照胎教。你和胎儿经过这么长时间的相处，也基本知道了他的作息规律。当然也有作息不太规律的胎儿，这就需要你细心体察他的情况了。

幸福妈妈经验分享

早就听说在胎儿期适时地给予光照刺激，能促进胎儿视网膜光感受细胞的功能尽早完善。在怀孕期间我也运用了光照胎教法，老公每次都和我一起做，做完后把胎儿的反应都详细地记录下来，例如，胎动的变化是增加还是减少，是大动还是小动，是肢体动还是躯干动等。这样的记录有助于医生更好地了解胎儿发育情况。

其实，光照胎教和音乐胎教、运动胎教一样，都是我自身磨炼性情、提高修养的过程。我相信只要我坚持下去、有规律地去做，一定能使胎儿领会其中的含义，并积极地作出回应。